Gerd Peschek

Und wieder wartet ein neuer Berg

GERD PESCHEK

Und wieder wartet ein neuer Berg

Mit dem Rucksack über die Alpen
Von München nach Venedig

Haag + Herchen

Das für den Umschlag verwendete Motiv zeigt die Roascharte zwischen der Geisler- und der Puez-Gruppe in den Dolomiten/Südtirol. (Foto: Gerd Peschek)

Bibliografische Information Der Deutschen Bibliothek
Die Deutsche Bibliothek verzeichnet diese Publikation in der Deutschen Nationalbibliografie; detaillierte bibliografische Angaben sind im Internet über http://dnb.ddb.de abrufbar.

ISBN 978-3-89846-564-9

Fuchshohl 19a, 60431 Frankfurt am Main

Produktion: Herchen + Herchen & Co. Medien KG,
Frankfurt am Main
Satz und Umschlaggestaltung: ES
Herstellung: dp
Printed in Germany

Verlagsnummer: 3564

INHALT

VORWORT

Die Einzigartigkeit dieser Wanderung wiederzugeben und zugleich das Erlebnis in fester Erinnerung zu behalten, war die Motivation zu diesem Buch. Diese Alpenüberquerung war meine ganz persönliche Traumerfüllung. Hinzu kam die Erfahrung der tatsächlichen Schwierigkeiten, die beim Träumen ja immer nur einen geringen Stellenwert hatten.

Dieses Buch handelt von der Realität am Berg und der Freude über das Erreichen der Ziele. Dazu kamen drei Erlebnismomente: Sehen – Erleben – Fühlen:

Gesehen
Grandiose Aussichten auf die Berge
Senkrechte Blicke nach unten

Erlebt
Begegnungen mit Gleichgesinnten
Zufällige Bekanntschaften

Gefühlt
Willenserklärungen an den Körper
Stimmungen zwischen Hoch und Tief

Dieses Buch ist keine exakte Wegbeschreibung, sondern Wiedergabe meiner persönlichen Erlebnisse. Es sind die Eindrücke eines Wanderers, der sich zusammen mit einem Freund einen Traum erfüllte.

VOM TRAUM ÜBER DIE VISION ZUR ERFÜLLUNG

Die Überquerung der Alpen war mein Traum, zu Fuß mit dem Rucksack von München nach Venedig.

Erst war es nur eine schöne schemenhafte Illusion, ein Traum, der einmal kam und dann wieder verschwand. Bei Unterhaltungen über das Bergwandern kam immer wieder die Rede darauf, man müsste die Alpen mal zu Fuß überqueren. Es wechselten die Gedanken und die Gespräche, wie schwer es sein mag, mit denen ab, die nur auf die schönen Augenblicke fixiert waren.

Ein solcher Traum kann nur entstehen, wenn eine Affinität zu den Bergen und zum Wandern besteht. Für mich symbolisieren die Berge immer eine aufregende Mischung aus Faszination und Respekt, zugleich sind sie eine Herausforderung zum Besteigen und Bezwingen. Aber sie zeigen mir auch die Grenzen meiner Möglichkeiten, sie zeigen mir, dass nicht jeder Berg für mich machbar ist.

Berge sind für mich Orte des Abschaltens. In den vielen Bergurlauben konnte ich mich immer am besten regenerieren. Den Rucksack auf dem Buckel und bergauf, das befreit. Je höher ich stieg und je größer die körperliche Anstrengung wurde, desto kleiner wurden die Berufs- und Alltagsprobleme.

Die Ruhe, die Majestät der Landschaft sind für mich beeindruckend. Es sind erhebende Augenblicke, wenn du oben stehst und unter dir alles klein erscheint. Diese geistige Erholung wiegt alle körperlichen Mühen auf, verleiht den Jahren Wert und wird mir auch in Zukunft viel bedeuten.

Die Alpen lassen sich auf vielen Wegen durchqueren, warum gerade dann München – Venedig?

Es ist die Verbindung von zwei Städten, München und Venedig, von denen jede eine spezielle Aura hat. Der Start und das Ziel sind etwas besonderes. Dazwischen ein einziges, aber einzigartiges Hindernis: die Alpen.

Venedig steht bei den Deutschen hoch im Kurs. Zigtausend Jungvermählte haben ihre Hochzeitsreise in die Lagunenstadt gemacht. Heute nicht mehr so oft, aber in den sechziger und siebziger Jahren war es für viele der Höhepunkt, ein festes Muss.

Umgekehrt lieben die Italiener München. Wir Deutsche betrachten München als die »italienischste Stadt« Deutschlands, für die Italiener ist München die deutsche Stadt schlechthin. Eine saubere »lärmarme« Großstadt mit einer Beschaulichkeit, die südlichen Großstädten fremd ist. München hat permanenten italienischen Besuch. Familienausflüge, Busreisen und Schulausflüge werden organisiert. Zusätzlich einmal im Jahr das exzessive Erlebnis: das Oktoberfest, für viele Italiener der »Hype«.

Neben der mentalen deutsch-italienischen Verbindung der beiden Städte ist die Wanderung München – Venedig ein weiteres Verbindungsglied. Der Weg heißt immer München → Venedig, nie Venedig → München. Er wird auch immer in dieser Richtung gelaufen. Ich kann nicht recht begründen, warum dies so ist. Eine Erklärung könnte der Drang der Deutschen nach dem Süden, nach der Sonne sein. Eine andere Erklärung: der Italiener läuft nicht so gerne. Es ist mir bei den vielen Bergwanderungen aufgefallen, dass die Italiener, besonders wenn die ganze Familie unterwegs war, nie weiter als 500 Meter von der Liftstation oder dem Parkplatz ihr Lager aufgeschlagen haben.

Für die München – Venedig-Wanderer gibt es zwei klassische Routen. Die eine Route ist der Goethe-Weg. Er führt über Innsbruck – Brenner – Bozen – Verona – Padua. Seine größere Länge wird ausgeglichen durch das Fehlen von gewaltigen Auf- und Abstiegen. Es sind hier lediglich zwei Steigungen zu bewältigen, der Übergang in das Inntal und über den Brenner nach Italien. Dieser Weg ist deutlich von der Kultur geprägt und nicht so sehr vom direkten Bergerlebnis.

Die zweite klassische Verbindung zwischen München und Venedig ist der sogenannte Traumpfad, eine Route, die fast der Luftlinie quer durch die Alpen folgt. Diese Route wurde von Ludwig Graßler vor zirka 30 Jahren festgelegt und hat sich zu der bekanntesten Alpenüberquerung entwickelt, zum Traumpfad.

Als ich dann zu meinem 60. Geburtstag den Bildband »Traumpfad München – Venedig« geschenkt bekam, wurde der Gedanke an die Alpenüberquerung immer konkreter. Aus dem Traum wurde eine Vision, eine Vision, die immer mehr Gestalt annahm.

Der Bildband über die Graßler-Route beinhaltet eine exakte Tourenbeschreibung für 28 Tage. Die Tagesetappen sind beschrieben mit Länge und Höhenbewältigung, die Übernachtungsmöglichkeiten sind mit Bettenanzahl und Telefonnummern angegeben.

Je öfter ich das Buch in die Hand nahm, umso konkreter wurde die Vision. Drei Jahre dauerte diese Verdichtung. Die Phase der Vision ging schrittweise in die der Vorbereitung und dann der Erfüllung über.

Der freiwillige vorzeitige Abschied aus dem Berufsleben war die eigentliche Initialzündung für die Umsetzung der Vision. So mancher konnte es sich gar nicht vorstellen, dass ich mich in den Ruhestand begeben werde. Die allgegenwärtige Frage:

»Was tust du denn, wenn du nicht mehr arbeiten gehst? Was machst du mit der vielen freien Zeit?«

»Ich werde eine große Wanderung unternehmen.«

»Gehst du den Jakobsweg?«, war die spontane und sich ständig wiederholende Frage.

»Nein, ich habe keinen Grund zu pilgern.«

Ich hatte kein Gelübde abgelegt und ich fühlte nicht, dass ich für irgendetwas Buße tun sollte.

Der Grund für die Pilger des Mittelalters war der vom Klerus versprochene Sündenerlass. Auf dem Weg nach Santiago de Compostela sollten die Pilger büßen. Es sollten aber nicht nur die Normalbürger büßen. Der Pilgerweg wurde auch als Strafe der Kirche für unkeusche Nonnen und gefallene Priester ausgesprochen.

Zwischen dem Jakobsweg und der Wanderung quer durch die Alpen ist keine Gemeinsamkeit zu finden. Die

Motivation ist eine andere. Das Ziel ist hier auch keine heilige Stätte, sondern eine Stadt, die auf Grund ihrer Lage und Schönheit berühmt ist. Wenn nun den Wanderern auf dem Jakobsweg in Santiago de Compostela Sündenerlass, Erlösung von Gelübden und Gebetserhörung winkt, so winkt dem Wanderer München – Venedig nichts von derlei geistig-religiöser Erbauung.

Es erwartet ihn eine Stadt, brechend voll mit Touristen, so dass die Schönheit gar nicht so richtig wahrgenommen werden kann.

Es erwartet ihn eine Stadt, an deren Substanz die Sterblichkeit nagt.

Es erwartet ihn eine Stadt, in welcher der Nepp an seinen Besuchern in voller Blüte steht.

Deswegen geht kein Mensch zu Fuß von München nach Venedig.

Für einige der heutigen Wanderer auf dem Jakobusweg mag der religiöse Pilgergedanke im Vordergrund stehen, Buße zu tun. Ich habe aber das Gefühl, dass aus diesem Weg ein Modeweg geworden ist. Einmal im Leben einen Marathon laufen, einmal den Jakobsweg gehen. Heraus aus dem Einerlei, das Besondere suchen. Die Länge des Weges ist spektakulär, wenn er ohne Unterbrechung gelaufen wird, und dem zolle ich hohen Respekt.

Für mich gilt die Faszination der Berge.

Überall habe ich verkündet, ich werde mich nach Beendigung des Arbeitslebens sehr viel in den Bergen aufhalten und wandern. Nicht mehr am Wochenende, sondern wenn die anderen zur Arbeit gehen. Auch über meine Vision, von München nach Venedig zu marschieren, hatte ich vielen Leuten erzählt.

Meine Kolleginnen und Kollegen wussten von meinem Vorhaben und hatten mir zum Abschied einen Großteil der Ausrüstung für die Wanderreise geschenkt: Rucksack, Socken, Funktionsmesser, Stirnband, Flachmann, Wäscheleine etc. Das war schon so etwas wie eine Verpflichtung, die ich aber sehr gerne annahm. Sogar das Lied von den Bergvagabunden wurde mir gesungen. Mit diesen Geschenken zu meiner Verabschiedung konnte ich etwas anfangen und sah den Bezug zu mir. Auch das formidable Abendessen passte zu mir. Essen und Trinken und dann noch in einer sehr guten Qualität, das sind Dinge, mit denen ich mich identifizieren kann.

DIE VORBEREITUNG

Als ich meinem Freund Jürgen vom Möhnesee am Telefon erzählte, was ich vorhatte, war sein spontaner Kommentar: »Da mache ich mit!« Einer seiner Freunde hatte diesen Weg in mehreren Etappen schon gemacht und davon geschwärmt. Jürgen war hellauf begeistert und war ab sofort ein zusätzlicher Motor, der die Umsetzung vorantrieb. Er hatte sich auch schon von der verpflichtenden Arbeit befreit und Zeit wie ich.

Kompass-Karten kaufen, Wege studieren, Internetrecherchen, damit waren viele meiner Tage ausgefüllt. Immer wieder alternative Routen in Betracht ziehen, verwerfen und dann doch wieder begutachten. Die heiße Planungsphase hatte begonnen. Jürgen besuchte mich im April, die endgültige Route wurde festgelegt. Wir wollten uns möglichst eng an den Graßler-Weg halten, den sogenannten Traumpfad über die Alpen. Ganz und gar nicht haben wir die Tatsache außer acht gelassen, dass wir, er 62 und ich 64 Jahre, alt waren. Dies war uns eine sehr ernste Tatsache. Wir haben uns vorgenommen, wenn es möglich ist, Aufstiegshilfen in Anspruch zu nehmen, langweilige und unnütze Straßenpassagen mit öffentlichen Verkehrsmittel zu bewältigen. Auch die Übernachtungen sollten, wenn möglich, in Hotels gemacht werden.

Die Tour von München nach Venedig wurde auf dem Papier voll durchgeplant, jeder Tagesabschnitt und jeder Übernachtungsort. Wir waren aber beide nicht richtig überzeugt, ob wir die ganze Tour im Durchmarsch schaffen werden. Die Vorstellung über die zu erwartenden Anstrengungen war im Kopf vorhanden, aber Vorstellung und Realität sind keine Zwillinge, sie liegen weit auseinander. In der Phantasie kann man kommende Herausforderungen verniedlichen oder sie hysterisch in sich aufbauen.

Jürgen und ich sind keine Neulinge in den Bergen, jeder von uns hat sehr viele Wanderungen und Bergbesteigungen gemacht, jeder von uns schon einige Sohlen durchgelaufen. Das Gepäck und die Länge der Tour waren aber Neuland. Also sagten wir uns: »Wir gehen, solange wir Spaß haben und so weit die Füße tragen.« Diese Aussage war auch die standardisierte Antwort, wenn uns irgendjemand fragte, ob wir München – Venedig in einem durchlaufen werden.

Neben der Planung haben wir uns beide natürlich auch körperlich intensiv vorbereitet. Acht Monate Aufbauphase. Ich habe mich mit topographischen Wanderkarten 1 : 25 000 rund um Aichach eingedeckt und bin marschiert und immer wieder marschiert. Mindestens dreimal in der Woche zwischen 10 und 30 Kilometer. Ausgerüstet mit Wimmerl, Wasserflasche und Müsliriegeln habe ich rund um Aichach alles erwandert. Ich kenne mich jetzt sehr gut aus im Wittelsbacher Land. Es waren nicht immer die normalen Wege, es ging des öfteren quer über die Wiesen oder quer durch den Wald. Wie viele Tiere ich dabei auf- und verschreckt habe, weiß ich nicht.

Bei diesen Touren bin ich immer ein flottes Tempo gegangen und habe mir eine sehr gute Wanderkondition erarbeitet. Zusätzlich habe ich ›Bergsteigen‹ im Wohnzimmer auf einem sogenannten Stepper trainiert, viel zu ehrgeizig und viel zu intensiv.

Dann der erste Schuss vor den Bug. Während einer Radtour bekamen wir, Inge und ich, Ende April einen Anruf. Am anderen Ende der Leitung ein am Boden zerstörter Jürgen: »Morgen werde ich am Meniskus operiert!«

Der Turm der Planung, der Turm der Vorfreude stürzte in sich zusammen. Aus mit der Verwirklichung des Traumes. Er hatte einfach zuviel getan.

Kurz darauf der zweite Schuss vor den Bug. Als ob wir Zwillinge wären, stellten sich kurze Zeit später bei mir Schmerzen im linken Knie ein. Der verfluchte Stepper, beim Treten wollte ich einfach zuviel. Das Wandern ging nur noch mit Schmerzen, besonders bergab. Typisch Meniskus. Aber ich wollte nicht nachlassen und machte mit den Wanderungen weiter. Ich salbte und bandagierte das Knie. Den Stepper habe ich in den Keller gestellt und ihn später für den Verkauf auf dem Flohmarkt freigegeben. Er war eine schmerzliche Fehlinvestition gewesen.

Die Untersuchung des Knies ergab einen ausgefransten Meniskus. Die Spritze genau in den Schmerzpunkt war höllisch, aber auch heilsam. Die Schmerzen verschwanden. Die spätere Kernspintomografie bestätigte die Ultraschalldiagnose: Schädigung ja, aber keine Operation notwendig.

Jürgen hatte seine OP gut überstanden und begann baldmöglichst mit seinem Aufbautraining. Um es kurz zu machen, er hat es geschafft und war drei Monate danach fit für den Start zur Alpenüberquerung.

Wir wollten diese Tour machen und deswegen waren alle Kräfte darauf ausgerichtet. Sehr wahrscheinlich war das auch der Grund für die schnelle Genesung und die Fitness von Jürgen. Die Probewanderung mit seinem Bruder durch das Rothaar-Gebirge war sein persönlicher Testlauf. Er hat ihn bestanden, zwar noch mit einigen Schmerzen im operierten Knie, aber mit der Zuversicht, den Alpentrip wagen zu können. Ob wir es schaffen werden, in einem Stück durchzulaufen, das war wieder ein Traum.

»Wir werden sehen, wie weit wir kommen, und wenn es keinen Spaß mehr macht, hören wir einfach auf und setzen im nächsten Jahr wieder dort an.« Das war unsere Vereinbarung, denn wir wussten wirklich nicht, was auf uns zukommt.

Wie verkraften wir die täglich aufeinander folgenden Anstrengungen?

Schaffen wir die geplanten Tagesstrecken?

Wie verkraften es Beine und Knie?

Reicht die Kondition?

Alles Fragen, die nur die Wanderung selbst beantworten konnte.

Den Starttermin festzulegen, war ein Lotteriespiel. Wann ist der beste Zeitpunkt?

Für die Berge ist der September der wetterstabilste Monat, aber eben auch der mit den meisten Wanderurlaubern. Alle Quartiere voll, manchmal sogar ausgebucht. Ohne feste Planung wäre die Herbergssuche im September sicher sehr schwierig gewesen.

Im August wollten wir nicht beginnen, da am 8. August traditionell ein Treffen der Venedigwanderer in München ist und gleichzeitig der klassische Starttermin für die Alpenüberquerung auf der Graßler-Route. Zum einen wollten wir keine Wanderung mit vielen Menschen, zum anderen wäre die Übernachtungsproblematik auch hier sehr groß gewesen.

Also Start im Juli. Der Juli 2008 war der große Regenmonat. Das drückte sehr stark auf die Stimmung. Irgendwann musste die Regenperiode doch vorbei sein! Der Wetterdienst prognostizierte für Ende Juli Wetterbesserung und Stabilität. In einem Telefonat mit Jürgen legten wir Dienstag, den 22. Juli, als Starttermin fest mit der Hoffnung, dass die Wetterfrösche Recht behalten.

Das Wochenende vor unserem Tourbeginn war unser traditionelles Wanderwochenende vom Tennisclub, wie immer in Rinnen. Ich betrachtete dies als Abschlusstest und Vorgeschmack auf das persönliche Highlight. Die 800 Höhenmeter mit leichtem Gepäck bin ich gut und ohne Probleme gelaufen. Die Zuversicht und auch die Freude auf die kommenden Wochen wurden gestärkt.

Montag, 21. Juli 2008

DER TAG ZUVOR

Jürgen kommt zu Mittag in Aichach an, in kompletter Wanderkluft und mit kompletter Ausrüstung. Mein Rucksack stand auch schon seit dem Morgen fertig gepackt im Büro.

Die Ausrüstung wurde noch einmal überprüft. Wichtig die Wanderkarten, um eventuell notwendige Ausweichrouten zu finden. Die Notration wurde verstaut. Inges eingeschweißte Landjäger, die Müsliriegel und der Traubenzucker, das Erste-Hilfe-Set, Trinkflaschen, alles war vorhanden.

Die Ausrüstung: Bergstiefel, Laufschuhe, zwei Wanderhosen, Funktionsunterwäsche, fünf Wanderhemden, Jeans und Hemden für Hotelaufenthalte, Anorak und Regenüberhose, drei Paar Wandersocken, Rasierapparat, Waschzeug, Handtuch, lange Schlafhose und Hemd, kurze Sporthose, Schlafsack, Hirschtalgfett für die Füße, Funktionsmesser, Fotoapparat und Handy mit Ladegeräten, Reisewaschmittel und die Reiseapotheke. Dazu kamen noch sechs Wasserflaschen à einem halben Liter.

Da standen wir nun am Vorabend unseres Abenteuers. Zwei Rucksäcke und zwei Menschen, voll gepackt die Rucksäcke mit allen Utensilien und voll die Köpfe, ganz auf das Abenteuer ausgerichtet.

Wir haben unsere Rucksäcke vor dem Abmarsch nicht gewogen, denn wir wollten uns nicht mit einer Kilo-Zahl im Kopf zusätzlich belasten. Das Wiegen kam später.

Es war der Abend der Spannung, wir sprachen über das, von dem wir glaubten, dass auf uns zukommen wird. Je mehr wir darüber sprachen, umso mehr Unwägbarkeiten tauchten auf.

Wie weit wir gehen wollten, darüber haben wir nicht gesprochen. Wir haben uns auch kein festes Ziel gesetzt, um uns nicht unter Druck zu setzen. Die Belastung war einfach nicht abzuschätzen. Wir wollten nichts erzwingen.

Viele Faktoren haben einen entscheidenden Einfluss. In erster Linie das Wetter. Wird die Vorhersage eintreffen, dass die Regenperiode zu Ende ist? Wird es im Süden nicht zu heiß werden? Was machen wir, wenn es in den Bergen einen Wettersturz gibt?

Die Frage nach der Gesundheit ist bei uns zwei älteren Herren (wir haben uns nicht so gefühlt) deutlich zu stellen. Übernehmen wir uns? Was ist, wenn einem etwas zustößt?

Wir haben festgelegt, dass wir, wenn einer aus irgendwelchen Gründen nicht mehr kann, die Tour gemeinsam abbrechen. Wir haben auch festgelegt, keine Wagnisse oder übertriebene Risiken einzugehen.

München – Venedig sollte eine Genusstour werden, nicht für den Körper, wohl aber für den Geist, der so lange schon davon geträumt hat.

Dienstag, 22. Juli 2008

DER DREIFACHE START

Morgens kurz vor sieben Uhr mit dem Bayernticket in Aichach weggefahren. Am Abend vorher haben wir festgestellt, dass dieses Ticket erst ab neun Uhr Gültigkeit hat. Nach einiger Diskussion haben wir dann festgelegt, dass wir doch schon so früh fahren und es auf eine Diskussion mit dem Schaffner ankommen lassen. Um die Spannung gleich zu nehmen: keine einzige Fahrscheinkontrolle bis München.

Inge hat uns zum Bahnhof gebracht und fleißig gewinkt. Wir waren freudig und gespannt, was auf uns zukommt, die Rucksäcke voll gepackt und entsprechend schwer. An den Dauerpartner mussten wir uns erst gewöhnen. Das Auf- und Abnehmen war nicht so einfach und die Einstellung der Halterungen noch nicht optimal. Die Mitfahrer, viele Jugendliche, die zur Schule fuhren, schauten nur kurz etwas befremdet und wandten sich wieder ihren gewohnten Tätigkeiten zu: Handy, MP3-Player, Schulhefte.

In München Marienplatz sind wir um 8.30 Uhr angekommen. Nichts war von der lebhaften Betriebsamkeit, die normalerweise dort herrscht, zu sehen. Wir waren fast allein. Das war jetzt der offizielle Ausgangspunkt, der Start zu unserer Wanderung: München Marienplatz – Venedig Markusplatz.

Das Wetter war trüb, aber unsere Stimmung nicht. Wir waren einfach voller Spannung und Erwartung auf das, was auf uns zukommen wird. Nach einer langen körperlichen und geistigen Vorbereitung musste es nun endlich losgehen. Das permanente Planen, das Überlegen, welche Routen wir laufen werden, die Gedanken, ob wir das Tagespensum auch schaffen und wir immer in einer vernünftigen Unterkunft nächtigen würden, hatten nun eine Ende. Unser Trip München – Venedig hatte begonnen.

Die ersten Fotos, wir mit den Rucksäcken auf dem Marienplatz, wurden gemacht. Auch zu zweit wollten wir auf dem Bild sein, deshalb baten wir eine der städtischen Bediensteten, die Blumen an der Mariensäule richteten, uns zu fotografieren. Sie tat dies sehr bereitwillig, allerdings sägte sie die Säule schon im unteren Drittel ab. Sie legte eben Wert darauf, uns richtig auf das Bild zu bringen.

Wir hatten uns vorgenommen, nicht direkt von München in die Tour einzusteigen, sondern ein Stückchen in Richtung Wolfratshausen mit der S-Bahn zu fahren. Am ersten Tag wollten wir uns nicht gleich die angegebenen 31 Kilometer zumuten. Eine zu starke Anforderung zu Beginn wollten wir vermeiden.

Hinab in die S-Bahn Station und nach der S7 gesucht. Wo und wann fährt sie ab? Nach einer halben Stunde kam immer noch keine S7. Jürgen fragte und bekam die Antwort, bis 10 Uhr fahre die S7 immer ab Donnersberger Brücke. Also in die nächste Bahn zur Donnersberger Brücke. Fünf Minuten später saßen wir in der S7 nach Höllriegelskreuth. Wir wollten zwar noch eine Station weiter fahren, aber das war auch in Ordnung. Viertel nach zehn in Höllriegelskreuth die Ansage: »Bitte alles aussteigen, der Zug endet hier!«

Zum dritten Mal das Gefühl: die Wanderung beginnt jetzt. Erst in Aichach, dann auf dem Marienplatz und jetzt so richtig zu Fuß.

Die Beschilderung Rad- und Fußweg nach Wolfratshausen war schnell gefunden. 22 Kilometer waren angezeigt.

Es war bei der Planung immer wieder ein Thema gewesen, an welcher Stelle wir einsteigen sollten. Sollen wir wirklich die Flachetappen mitnehmen oder nicht? Außer einer schönen Flusslandschaft bringen sie nicht viel. Aber wenn die Tour München – Venedig heißt, dann gehören auch diese Abschnitte dazu. Im Nachhinein betrachtet war es die richtige Entscheidung. Wir konnten uns an die Anstrengung gewöhnen, ohne gleich steigen zu müssen. Wir hatten dabei Gelegenheit, mit unserem ständigen Begleiter, dem Rucksack, Freundschaft zu schließen. Beim Auf- und Ablegen wurde uns das Gewicht immer wieder verdeutlicht, aber wenn er dann geschultert war, wurde er mehr und mehr ein Teil von uns.

Der richtige Sitz des Rucksackes wurde immer weiter optimiert. Er soll fest auf den Hüften sitzen und nicht auf den Schultern hängen. Ich habe immer wieder etwas an den

Gurten verändert, bis ich die optimale Tragehaltung herausgefunden hatte. Das hat allerdings ein paar Tage gedauert.

Der Weg, immer an der Isar entlang, war einfach zu gehen und ordentlich breit, für Fußgänger und Radler bestens geeignet. Je nachdem, ob sich eine Ortschaft in der Nähe befand, begegneten uns Nordic Walker und Jogger. Radfahrer waren an diesem normalen Werktag eher selten. Es war noch keine Ferienzeit in Bayern.

Mit dem Wetter waren wir die ersten zwei Tage nicht einverstanden. Bei der zweiten Dusche, die uns erwischte, fragten wir uns, ob wir denn nun wirklich den richtigen Zeitpunkt für unsere Wanderung gewählt hatten. Der Wald hat zwar einiges abgehalten, aber es reichte, um uns einzuweichen. Nach kurzer Zeit dampften wir trotz atmungsaktiver Kleidung von innen heraus. Es hat keinen Spaß gemacht. Die nassen Hosen klebten an den Beinen und die leichten Laufschuhe, die wir für die ebenen Wege dabei hatten, waren durchnässt. Die Aufbruchseuphorie erhielt einen Dämpfer.

Hinter Kloster Schäftlarn haben wir Pause gemacht und Inges gut belegte ›Bütterchen‹ gegessen: Stärkung für den langen Marsch am Isarkanal entlang zum Ickinger Wehr, wo wir die Isar wieder überquerten. Dann durch den matschigen Wald den Fluss entlang bis Wolfratshausen.

Die Gedanken umkreisten in den ersten Tagen immer wieder zwei Fragen: »Wie weit werden wir kommen?« und »Wie geht es mit uns beiden?« Da war Jürgen mit seinen immer wieder vorgebrachten Schlafproblemen, und prompt war die erste Übernachtung in einem Doppelzimmer. Es ging gut. Er hat behauptet, nicht einschlafen zu können, aber ich habe ihn nach einer Viertelstunde so gleichmäßig atmen hören, er muss geschlafen haben. Jürgen meinte, ich hätte geschnarcht. Ich habe mich nicht gehört und muss es also glauben. Über meinen Schlaf mache ich mir keine Gedanken, fremde Betten sind für mich etwas Normales, Jahre meines Lebens habe ich in Hotelzimmern zugebracht. Alle Kategorien und alle Klassen waren dabei vertreten. Wenn ich nicht schlafen kann, dann ruhe ich eben, denke ein bisschen nach über Gott und die Welt und irgendwann schlafe ich wieder ein. Viel schlimmer ist es, permanent darüber nachzudenken, warum man nicht schlafen kann. Das regt auf und lässt einen erst recht nicht wieder einschlafen. Jetzt, wo ich keinen Arbeitsdruck mehr habe, fällt es mir noch leichter, wieder in den Schlaf zu kommen.

Auf dieser Wanderung haben wir Zeit. Das einzige Problem ist immer wieder, eine einigermaßen vernünftige Unterkunft zu bekommen. Erst jetzt spüre ich, wie sehr ich vom Auto abhängig bin. Nicht mal schnell von einem Hotel zum anderen fahren. Alles zu Fuß, alles muss gut geplant werden.

Im Hotelzimmer wurde zum ersten Mal der spätere Normalfall durchgeführt. Zuerst die Körperreinigung, dann die Wäschereinigung. Dieser Ablauf wurde Alltag. Geduscht und dann das nasse Zeug zum Trocknen aufgehängt. Die Wäscheleine, bei der keine Klammern notwendig sind, kam zum ersten Einsatz. Danach ab in den Ortskern zum Kaffeetrinken und Kuchenessen. Die kleine Belohnung für den ersten Wandertag.

Mittwoch, 23. Juli 2008

DURCH DIE NASSEN ISARAUEN

An diesem Tag war das Wetter etwas besser, es hat nur einmal am Tag geregnet. Der Weg war sehr beschwerlich. An der Isar entlang gingen wir kilometerlang auf Wegen mit lockerem Kies. Wir hätten genauso gut im Flussbett gehen können. Die lockere Kieselschicht schwamm unter unseren Sohlen und bot keinen richtigen Halt. Das ging ganz schön in die Beine. Als diese Passage hinter uns lag, kam die Waldstrecke. Durch den Regen war alles aufgeweicht, die Gräser nass, der Weg sehr stark verwachsen, weil wenig begangen. Es war an einigen Stellen wie im Urwald. Die Hosen waren bis zu den Oberschenkeln nass und klebten an den Beinen. So stapften wir Bad Tölz entgegen. Diese Wanderung, dieser Weg ist für heiße und trockene Sommertage geeignet.

Ein Hotel hatten wir nicht gebucht und gingen direkt über die Promenadenstraße zur Touristen-Information. Einige Leute schauten uns besonders lange an. Wir sahen anscheinend so interessant aus mit unseren Regenanoraks, den großen blauen Regenhauben über den Rucksäcken und den nassen und dreckverschmierten Hosen.

Laut der jungen Dame bei der Vermittlung war Bad Tölz gut ausgebucht. Zwei Einzelzimmer haben wir dennoch bekommen, allerdings im Kurviertel. Wir mussten wieder zurück durch die ganze Stadt. Dabei habe ich einige Fotos von der Innenstadt gemacht.

Vor dem Abendessen noch einmal zur Prachtstraße, wir wollten uns die Stadt noch einmal in Ruhe ansehen.

Ganz plötzlich stand ein Mann vor uns und sagte auf bayerisch: »Aich zwoa kenn i, ihr seid's doch dia mit de blaue Rucksäck. Oans sag i aich, ihr hobt's die falschen Buidl g'macht.«

Ein leichte Alkoholfahne umwehte ihn und er lächelte dabei selig-priesterlich. In einer Hand hielt er eine Weinflasche dezent hinter dem Rücken versteckt. Im Hintergrund stand ›Weinhandlung‹ über dem Eingang.

»Dia Häuser mit den Dächern miasst's fotografiern mit der Säulen von der Maria.«

Wir schauten etwas erstaunt.

»I hob aich beobacht, wia ihr kimma seid's. I bin da Friseur von da drübn!« Er zeigte auf ein Friseurgeschäft.

»Du«, er zeigte auf mich, »du host no guat ausgschaut, aber dei Freind net!«

Jürgen meinte, dass es an seinen wehenden dünnen Haaren läge, und wenn er Friseur sei, könne er mal einen Rat geben.

»Du musst so an Kurzhaarschnitt mocha lasse wie der do«, er zeigte wieder auf mich.

»I bin scho seit 25 Johr Friseur in Tölz und hob heier mei Jubiläum.« Er zeigte noch einmal auf seinen Salon in der Hauptstraße. Die alkoholische Jubiläumsfahne wehte seinen Worten voraus.

Es war ein langer Tag, bis wir zum Abendessen kamen. Vorher habe ich Jürgen noch überzeugt, Hirschtalgfett zu kaufen. In den nassen Schuhen hatte er sich eine Blase gelaufen. Von da an war das Fett für ihn ein Wundermittel. Jeden Morgen zuerst die Füße eincremen. Für mich war es schon seit langer Zeit ganz normal, vor jeder Wanderung die Füße damit zu behandeln. Wenn dann auch noch die Socken etwas davon angenommen haben, sind Blasen fast ausgeschlossen.

Donnerstag, 24. Juli 2008

ERSTES BERGERLEBNIS

Am Morgen noch schnell über die Brücke, um die richtigen Fotos zu bekommen. Um acht Uhr sind noch keine Touristen unterwegs.

Die erste Station an diesem Tag war Lenggries. Die Wegbeschilderung war eindeutig und nicht zu verfehlen, immer der Isar entlang. Der Fluss war seit Beginn der Wanderung unser Begleiter. Nicht eindeutig war die Kilometerangabe. Die gelben Schilder sagten zwölf Kilometer, die grünen Schilder neun Kilometer nach Lenggries. Es waren dann doch zwölf Kilometer. Ich fragte mich, wie man sich auf dieser Entfernung um 25 Prozent vermessen kann. Egal, wir mussten es laufen, ob es nun neun oder zwölf Kilometer waren. Die Luft war dunstig, die Sicht nicht besonders gut. Nach zwei Wandertagen sahen wir zum ersten Mal die Berge. Die Benediktenwand stand vor uns.

Wir mussten uns jetzt entscheiden: Durch den Wald zur Tutzinger Hütte aufsteigen und dort übernachten? Die zweite Alternative: Mit der Seilbahn auf das Brauneck zu fahren und dann in die Jachenau absteigen. Bei der dritten Möglichkeit hätten wir auch flach um die Benediktenwand herum zur Jachenau weitergehen können.

Wir waren zwei Tage eben gewandert, wir wollten jetzt ›Bergfeeling‹ haben. Drei Stunden sind wir bis zur Seilbahn gelaufen, die Sonne kam immer mehr heraus. Wir spürten die Wärme. Ein wunderbares Gefühl, mit der Bahn nach oben zu schweben. Oben hatten wir nicht die große Sicht, aber dafür den ersten Schock. »Abstieg zur Jachenau sechs Stunden« stand auf dem Schild. Ich hatte vorher von einem Kollegen die Info bekommen: »Zweieinhalb bis drei Stunden!« Um es vorweg zu nehmen, wir haben fünfeinhalb Stunden gebraucht. Den Kollegen knöpfe ich mir noch mal vor!

Auf dem Abstieg war ein Zwischenaufstieg von etwa 50 Metern zu bewältigen. Es war der erste Aufstieg überhaupt und für mich die erste Verzweiflung. Sehr steil war der Buckel und ich plagte mich mit dem Rucksack hoch. Alle zehn Schritte blieb ich stehen und pumpte wie ein Maikäfer. Alle Freude fiel von mir ab. Wenn das hier schon so schlimm ist, wie wird es dann erst in den richtigen Bergen sein? Ich war körperlich schwach und psychisch fertig. Dieses Stückchen Berg, ich konnte es nicht glauben. Zum ersten Mal habe ich die Last des Rucksackes gespürt.

Die Länge des Weges hat auch nicht zur Aufmunterung beigetragen. Viel Matsch, viel Schotter und endlos viele Kehren. Hinter jeder Kurve haben wir gehofft, das Ziel zu entdecken, aber es ging immer weiter.

Der Weg entlang eines Bergbaches wurde weiter unten immer mehr ein Pfad durch den Urwald. Alles war naturbelassen und keine Eingriffe des Menschen waren sichtbar. Nadelholzbewuchs auf Felsklötzen, wurzelumschlungen. Ein wildromantischer Weg, ein bisschen verwunschene Landschaft. Für den genüsslichen Anblick war ich zu fertig.

Ziemlich erschöpft haben wir im ersten Gasthof nach einem Zimmer gefragt, draußen stand ein Schild ›Zimmer frei‹. Es war keiner zuständig und mehrfach wurde gesagt, die Chefin komme gleich. Nach einer Viertelstunde trat die Chefin immer noch nicht in Erscheinung, die Bedienung kam wieder und sagte uns, es sei kein Zimmer frei. Die mochten uns wahrscheinlich nicht. In der zweiten Herberge hatten wir Glück, ein Doppelzimmer war noch frei. Es war das letzte, nicht sehr schön, die Betten klein und eng. Hauptsache, ein Dach über dem Kopf. Weitere Möglichkeiten gab es im Dorf nicht mehr, außer vielleicht irgendwelche Privatquartiere. Wir hatten an diesem Tag die Nase voll. Ruhen war aber nicht gleich angesagt, erst mussten die Stiefel gereinigt und die Wanderhosen gewaschen werden. Das Waschbecken war im Dauerbetrieb, denn wir hatten mächtig viel Dreck vom Abstieg mitgenommen.

Das Abendessen war respektabel. Der Besitzer des Gasthofes hat gut und deftig gekocht und das Weizen spülte einigen Frust aus dem Körper.

Freitag, 25. Juli 2008

AUS DER JACHENAU NACH ÖSTERREICH

Über die Wiesenlandschaft marschierten wir nach einem kräftigen bayerischen Gasthof-Frühstück in Richtung Vorderriß. Es war schönstes Wanderwetter. Alles strahlte nach der langen Regenzeit Frische und Sauberkeit aus. Der erste größere Anstieg wartete auf uns: 300 Meter hinauf. Ich war gespannt, welches Erlebnis ich haben würde. Wieder diese Schwäche, dann könnte ich gleich die Tour abbrechen, denn es warteten ganz andere Herausforderungen auf uns. Da war dieser Anstieg nur ein Übungshügel.

Es ging gut, ganz einfach gut. Schnaufen gehört beim Aufstieg dazu. Zustände wie am Vortag hatte ich nicht. Der Weg zog sich gleichmäßig hoch und oben im Wald hatten wir einen Blick auf das breit ausgewaschene Geröllbett des Rißbaches. Nach dem steilen Abstieg nach Vorderriß war der Bus nach Hinterriß weg. Der nächste fuhr erst am Abend. Bis dahin wollten wir natürlich nicht warten, das hieß für uns zehn Kilometer auf der Landstraße bergauf nach Hinterriß. Das Zimmer im Hotel Post hatte ich telefonisch bei der Rast in Vorderriß bestellt. Die Frage nach zwei Einzelzimmern wurde abschlägig beschieden. Also Doppelzimmer.

»Gibt es auch welche mit getrennten Betten?«
»Ich kann sie doch nicht für euch auseinandersägen!«
Klare Antwort.

Der Weg auf der Landstraße war öde, es war warm, die Füße waren heiß. Der permanente Autoverkehr war absolut kein Stimmungsaufheller. Es macht einfach keinen Spaß, auf dem Asphalt zu gehen. Auch die Sicht auf die Berge des Karwendel trug nur wenig zur Aufmunterung bei.

In der Post angekommen, war das Zimmer gut und die Wirtin gar nicht grätig wie angenommen. Das Abendessen war schnell entschieden. Hinter dem Haus lag ein großer Forellenteich und auf der Karte gab es Forellen in allen Variationen und Größen. Ich hatte mich für eine mit definiertem Gewicht entschieden und musste ewig warten. Der Hotelbesitzer wurde geholt, weil die anderen nicht in der Lage waren, die entsprechende Größe zu fangen. Der schaffte es auch nicht. Es gab dann eine Forelle, die knapp unter dem versprochenen Gewicht lag und dafür 10 Prozent Nachlass auf die Rechnung. Am Geschmack und der Zubereitung war nichts auszusetzen.

Am Abend bei der Tourenbesprechung haben wir dann den Beschluss gefasst, nicht über die Falkenhütte zur Eng zu gehen, sondern mit dem Bus zur Engalm zu fahren und weiter zur Lamsenjochhütte zu gehen, um dort zu übernachten.

Das ist der große Vorteil einer Zweier-Gruppe. Entscheidungen über den weiteren Tourenverlauf können sehr schnell gefällt werden. Es gibt keine elend langen Diskussionen, zwei Meinungen sind schnell unter einen Hut gebracht.

Die Abendsonne ließ den Stuhlkopf und die Torwände in zartem Rosa erscheinen und entschädigte uns für den langen Straßenmarsch.

Samstag, 26. Juli 2008

VON HINTERRISS INS INNTAL

Mein Bergkamerad Jürgen ›jammerte‹ nach einem Ruhetag, den ich für mich selbst eigentlich für später eingeplant hatte, nicht schon nach vier Tagen. Er erinnerte mich an meine Aussage: »Wir wollen Genusswandern machen.«

Ich spürte noch keine übermäßige Müdigkeit, so dass es für mich immer noch Genuss war.

Zur Lamsenjochhütte, die Übergangsscharte zum Inntal, war es von der Eng nicht so weit, so dass wir den ganzen Nachmittag zum Ruhen hätten. Wir hatten uns diese Route ausgesucht, weil uns der klassische Graßler-Weg über das Karwendelhaus, Schlauchkarsattel und Hallanger Alm zu anstrengend erschien.

Der Aufstieg zum Lamsenjoch war steil und mit 600 Metern der längste Anstieg bisher. Auf halbem Weg an der Binsalm trafen wir auf ca. 25 Österreicher, die dort am Abend vorher einen der ihren als Junggesellen verabschiedet hatten. Sie sahen am helllichten Morgen dem Anlass entsprechend aus. Sie haben zwar mit uns gesprochen, aber wir haben nichts verstanden. Sie sprachen einen grausigen Dialekt, der durch alkoholische Lähmung des Mundes noch verstärkt wurde.

Um 12 Uhr erreichten wir die Lamsenjochhütte und wollten Quartier machen.

»Seid's ihr angemeldet, na, mir san voll. Luftmatratzen kennt's kriagn und in der Gaststuben schlofen. Besser wia im Lager!«

Jürgen und ich stellten unisono fest, dass es uns absolut keine Freude verschaffen könnte, bis 10 Uhr abends zu warten und dann auf Luftmatratzen zu nächtigen. Nächtigen ist da der richtige Ausdruck, denn schlafen wäre bestimmt nicht möglich gewesen. Ganz besonders bei Jürgen nicht.

Als wir sagten, wohin wir wollten, sagte uns der Hüttenwirt, dass es absolut noch früh genug sei, in das Inntal abzusteigen.

»In drei Stunden seid's unten!«

Jürgen, also wieder nichts mit ausruhen! Wir hatten nicht bedacht, dass Samstag war und deshalb viele Bergsteiger und Kletterer unterwegs waren. Die hatten natürlich alle vorgebucht. Bei unserer Rast haben wir sie beim Klettern beobachten können.

Den Abstieg haben wir wirklich in drei Stunden geschafft, unterbrochen durch einen wundervollen Aufenthalt an einer alten bewirtschafteten Hütte, der Stallenalm, die seit 1720 dort steht. Urige Balken und innen ausgestattet wie früher. Die ausnehmend hübsche Wirtin Gerda gewährte uns einen Einblick.

Motiv: Alte Hütte, junge Frau.

Für ein Foto hat sie sich sogar neben mich gesetzt.

Motiv: Alte Hütte, junge Frau, alter Wanderer.

Es waren nur wenige Gäste da und sie hatte Zeit zum

Plaudern. Sie empfahl uns, in Fiecht im Klosterhof zu übernachten. Da wir an diesem Tag ohne festes Ziel wanderten, waren wir froh über diesen Rat. Kurz vor Fiecht hat uns ein Gewitter erwischt und nass gemacht. Die Nässe war nur äußerlich, denn wir waren von den ersten zwei Wandertagen seelisch gefestigt. Anorak an, die blauen Hauben über die Rucksäcke, Kapuze auf, Regen abperlen lassen. Wir hatten Übung.

Der Klosterhof war ein freundliches Gebäude mit einer negativen Eigenschaft: keine Zimmer. Nach dem Umbau hat man sich nur noch auf das Restaurant konzentriert. Eine Empfehlung für ein Hotel in der Nähe konnte man uns nicht geben.

Neben der Klosterkirche auf dem Friedhof war gerade eine Beerdigung zu Ende. Es waren sicher über 100 Leute. Sonst war niemand zu sehen. Es hat uns beide ein großes Stück Überwindung gekostet, in dieser Trauergesellschaft nach einer Hotelunterkunft zu fragen. Wir müssten weiter nach Vomp laufen, dort gebe es Unterkunftsmöglichkeiten, war die Antwort. Weitere Details wie Name und Adresse wollten wir nicht mehr fragen. Es war ein eigenartiges Gefühl, denn die Gedanken der Trauergemeinde waren nicht bei solchen Alltäglichkeiten. Wie wir später an ausgehängten Trauerzetteln gesehen haben, wurde eine 23-jährige junge Frau beerdigt, die bei einem Verkehrsunfall ums Leben gekommen war.

Also auf nach Vomp. Noch einmal fünf Kilometer Gehen ins Ungewisse. Vomp, diesen Namen kannte ich nur von der Inntal-Autobahn als Raststätte. Den ganzen Weg auf halber Höhe über dem Tal hatte uns das monotone Rauschen der Autos auf der Autobahn begleitet.

Im Ort angekommen, hat uns eine Autofahrerin den Vomperhof empfohlen. Es war ein typisches Business-Hotel, das am Wochenende freie Zimmer hat. Eine gute Empfehlung, weil wir zwei Einzelzimmer bekommen haben und das Abendessen, gekocht vom Sohn des Hauses, sehr gut war. Es ist immer wieder ein schönes Glücksgefühl, nach einem langen Wandertag, ohne zu wissen, wo man ankommt, ein vernünftiges Quartier und gutes Essen zu bekommen. Wir haben es an diesem Abend sehr geschätzt. Ich habe abends im Bett gelegen: Beine hoch und Fernseher an. Die deutsche U 19-Fußballmannschaft wurde Europameister gegen Italien.

Sonntag, 27. Juli 2008

IN DIE WATTENSER LIZUM

Es war schon bei der Planung entschieden worden, dass wir nicht im Inntal Richtung Tuxer Alpen marschieren werden, sondern mit dem Taxi nach Lager Walchen fahren. Der Tipp kam von einem Freund von Jürgen. Er hatte München – Venedig schon gemacht, allerdings immer nur in Etappen.

Wir sind zunächst zum ›Geldtanken‹ nach Wattens gefahren. Genügend Bargeld dabei zu haben gehört auch zur Wanderlogistik. Auf den Hütten sind Kreditkarten nicht zu gebrauchen. Die 62 Euro für die gesamte Strecke waren ein fairer Preis, denn der Weg auf der kleinen kurvigen Straße nach Lager Walchen zog sich ganz schön hin.

Direkt vor einer militärischen Pforte begann unser Wandertag zur Lizumer Hütte. Der Weg führte durch ein Sperrgebiet der österreichischen Armee. Am Eingang, an der Wache, saß ein Soldat in seinem ›Wachhäuserl‹, einem primitiven Container mit Tür und Fenster. Er zeigte uns den Einstieg zum Wanderweg. Es war einer mit einem ganz jungen Gesicht, ein richtiger ›Milchreisbubi‹. Es hatte den Anschein, als beschäftigte das Austria-Heer Kindersoldaten.

Neben dem Tor war eine alte Federwaage, mit der wir das Gewicht der Rucksäcke prüften. Jürgen 14 Kilogramm, bei mir zeigte sie 18 Kilogramm an. Ich konnte es nicht so richtig glauben, denn mittlerweile war ich mit meinem Dauerpartner auf dem Rücken gut zurechtgekommen. Er war inzwischen ein Teil von mir geworden. Mein Körper hatte sich an den neuen Körperteil und die zusätzliche Belastung gewöhnt.

Der Aufstieg glich in seiner ersten Phase einem Sumpfwaten. Der Weg war schmal und zeigte sich an einigen Stellen als Bachlauf. Dann führte er wieder durch sumpfige Wiesen. Die Bergstiefel waren von einer braungrauen Matsche umhüllt, die Hosen bis über die Knie nass und klebten an den Beinen. Von oben kam kein Nass, das war positiv.

Oberhalb der Kasernen in ca. 2000 Metern Höhe steht die Lizumer Hütte. Unsere erste Hüttenübernachtung, zwei Betten hatte ich am Abend vorher bestellt. Wir bekamen ein Vierbettzimmer zum Alleinbewohnen. Ingrid und Sepp waren herausragende Wirtsleute. Dies wurde uns später bei den anderen Hüttenübernachtungen immer wieder deutlich gemacht. Sie zeigten mit Freundlichkeit, nicht übertriebenen Preisen und einer sauberen Hütte, dass sie sich über Gäste freuten. Ein Trockenraum für nasse Wäsche war vorhanden und auch Platz für die kleine Hemdenwäsche und die Schuhsäuberung. Wir haben all diese Einrichtungen notwendig gebraucht.

Die Ankunft auf der Hütte erfolgte früher als geplant durch die Erleichterung mit dem Taxi. Die Sonne schien an diesem Nachmittag kräftig. Sie machte das Ausspannen angenehm und steigerte den Genuss. Ich hatte ein kleines Gefühl, schon etwas geschafft zu haben. Der Blick über das

Kasernendorf der österreichischen Armee zurück zum Karwendel war klar. Über dem darunter liegenden Inntal hing eine dichte Wolkendecke. Vor uns lagen die uns halbrund umgebenden Tuxer Berge, in den nächsten zwei Tagen unsere stillstehenden Begleiter und Herausforderer. Die Pluderlinge mit ihren kleinen Schneefeldern, das Junsjoch als Übergang zum Zillertal und die Sonnenspitze als Wächter über der Hütte.

Ich saß einfach da und blinzelte in die Sonne und ließ den Anblick auf mich wirken. Jürgen lag auf der Bierbank an der Mauer und döste entspannt.

Es trafen mehr Leute ein, die ebenfalls in Richtung Venedig unterwegs waren. Da war z.B. das Ehepaar aus Ludwigsburg. Die beiden machten visuell einen starken Eindruck mit ihren knallroten Odlo-Shirts mit einem Aufdruck, der sie als Marathonläufer etikettierte. Sie machten die klassische Graßler-Route nach Venedig durch den Karwendel. Die Überquerung und Abstieg des Schlauchkarsattels war anscheinend der Horror, die totale Erschöpfung. Elfeinhalb Stunden hätten sie gebraucht vom Karwendelhaus bis zur Halleranger Alm. Viel Schnee, sehr viel Geröll und sehr steil.

Ein Vater – er sah älter aus als wir – mit seiner Tochter hatte mit den Ludwigsburgern die schwierige Überquerung des Karwendel gemacht. Es waren keine Venedig-Wanderer. Sie übernachteten am nächsten Tag mit uns im Sechsbettzimmer im Tuxerjochhaus und waren danach verschwunden.

Für uns war es heute ein rechter Genuss, wir hatten nicht zu viel getan, genossen das schöne Wetter und das Panorama. Die 600 Höhenmeter durch Wiesenlandschaft hatten uns nicht sehr gefordert. Nachmittags Kaffee und Kuchen. Bei den süßen Sachen waren wir zwei uns sehr nah und immer schnell einig. Nach dem Abendessen, die Spinatknödel waren gut, noch das obligate Weizen und zeitig ins Bett. Der morgige Tag sollte anstrengend werden.

Montag, 28. Juli 2008

EINSAME TUXER ALPEN

Mit etwas bangen Gedanken war ich an diesem Morgen beim Frühstück gesessen. Unserer Kondition stand eine große Herausforderung bevor, ein langer Tag mit vielen Höhenmetern. Die hochalpine Phase hatte begonnen. Von der 2000 Meter hoch gelegenen Lizumer Hütte starteten wir um halb acht. Das erste Zwischenziel war der Pluderlingsattel, fast 2700 Meter hoch. Hüttenwirt Sepp gab uns den Rat, nicht nur bei den steinigen Wegen aufzupassen.

»Die Wiesenwege, die ihr langzugehen habt, sind gefährlicher wegen der Feuchtigkeit und der Steilheit. Da kannst du dich nicht mehr halten, wenn du abrutschst.«

Zunächst ging es auf den steinigen Pfaden nach oben, erst mäßig, um dann immer steiler zu werden. Unterhalb des Sattels wechselten wir zwischen schwarzgrauen Steinpassagen und weißen Schneefeldern. Die waren leicht zu begehen, der Schnee war sulzig aufgeweicht.

Der Aufstieg war ein richtiger ›Hundling‹. Je länger es dauerte, je schwerer es uns fiel, umso steiler wurde der Weg. Er hat uns Kraft gekostet, aber mittlerweile hatte sich der Körper an die Belastung gewöhnt. Der Geist war auch gut präpariert und voll auf das Ziel ausgerichtet.

Wir sind gut oben angekommen, es war kein Gipfel, nur ein Sattel, aber mit einer Sicht, die alles geboten hat. Durch die Steilheit hatten wir vorher nichts gesehen und dann der letzte Schritt nach oben. Es war wie bei einer gelungenen Inszenierung. Der Vorhang öffnet sich, das Bild ist da. Das Panorama der Tuxer Gletscher mit den beiden Gipfeln Olperer und Gefrorene Wand. Dazwischen das Sommerskigebiet. Rechts, in Richtung Brenner, im Dunst die Stubaier Berge. Es war die Aussicht, die sich Bergsteiger als Lohn für die Aufstiegsmühen immer wünschen. Wir saßen auf dem Pluderlingsattel. Direkt unter uns der Junsee, ein Bergsee der Stille. Zwischen dem dunklen, düsteren Gestein spiegelte er die Sonne und die ziehenden Wolken. Es ist eine einsame Stille. Niemand ist zu hören, niemand außer uns beiden ist da. Niemand spricht.

Es ist außer der Natur in ihrer Unberührtheit nichts vorhanden, es ist nichts da, das auf menschliches Leben deutet. Du setzt dich hin, du schaust und du siehst Landschaft. Während der Zeit unserer Rast und Aussicht zeigte der See immer neue Gesichter zwischen blau perlenhaft strahlend und düster sich dem Grau seiner Umgebung anpassend, wenn die Wolken die Sonne bedeckten. Der See sieht aus wie das Auge der Berge. Das Auge des einäugigen Riesen Pluderling.

Kein Laut, es war absolut still, nicht einmal die sonst überall schreienden Bergdohlen waren zu hören. Weiter unterhalb des Junsees grüne Wiesen, genannt die toten Böden. Sie werden so genannt, weil sie für keinerlei Bewirtschaftung geeignet sind.

Sehnsucht nach der Stille
Hier wird sie erfüllt
Sehnsucht nach der Ruhe
Hier wird sie erfüllt

Starr ist alles um mich her
Fest und ohne Regung
Starr die harten Kontraste
Ich seh nicht eine Bewegung

Die Einsamkeit und Stille bei den Wanderungen, wie gerade hier in den Tuxer Alpen, ist wohltuend. Den einzigen Lärm erzeugen wir selbst durch unsere Schritte. Jürgen ist wie ich ein stiller Wanderer. Es wird nicht geplappert oder irgendetwas erzählt, was keinen Bezug zur Wanderung hat. Manchmal zeigen wir auf irgendetwas Schönes. Bei manchen steilen Aufstiegen hört man nur Pfeifen, das des eigenen Atems.

Vor uns der nächste Anstieg, der Gschützspitzsattel. Er lag zwar vom Pluderlingsattel aus gesehen etwas unter uns, aber wir mussten fast 400 Meter absteigen, um dann wieder 300 Meter zu ihm aufzusteigen. Auf matschigen Wegen im roten Lehm hinunter zu den toten Böden. Die Profile unserer Wanderschuhe wurden geprüft. Die Stöcke waren ein ganz nützliches Utensil, um den Körper in der Senkrechten zu halten. Hinauf zum Gschützspitzsattel war es wieder steinig. Oben angekommen wandelte er sein Gesicht. Sein Abfall nach Süden ist grasbedeckt, aber ebenfalls steil. Wir konnten von hier aus unser Tagesziel sehen, das Tuxerjoch-Haus. Der gesamte Weg mit den ameisengroßen Wanderern konnte eingesehen werden. Wieder ein Abstieg, 600 Meter hinunter in das Weitental und dann noch einmal 300 Meter Aufstieg zum Haus. Bei diesem Weg durch blühende Wiesen und permanenter Sicht auf die Gletscher erinnerte ich mich an die Worte von Hüttenwirt Sepp: »Wiesenwege sind gefährlich! Aufpassen!«

Der Weg war schmal und zog sich in engen Serpentinen über eine Stunde lang nach unten. Auf dem steilen Wiesenhang hätte man keinen Halt gefunden, wäre einer von uns abgerutscht. Aber auch das Aufpassen hatte uns nicht abgehalten, die bunte Vielfalt der Wiesenblumen zu betrachten. Ein wunderbarer Sommer-Sonnen-Berghang.

Der letzte Anstieg zum Tuxerjochhaus war noch einmal Plackerei pur. Schotterweg, müde, dritter Anstieg des Tages. Es blieb die Hoffnung auf eine gute Unterkunft. Ich hatte am Vortag angerufen und Betten für uns bestellt. Wir haben diese sehr anstrengende Tagestour in der ausgewiesenen Zeit von sechseinhalb Stunden geschafft.

Außer der Tatsache, direkt gegenüber von den Gletschern zu stehen, war alles enttäuschend bei der Ankunft auf dem Tuxerjochhaus. Kein Trockenraum für die feuchte Wäsche. Antwort: »Draußen hinter dem Haus ist eine Wäscheleine.«

Keine Möglichkeit, etwas auszuwaschen. Bei der Frage nach der Dusche streckte sich mir eine Hand über den Tresen entgegen: »Zwoa Eiro fuffzig.«

Es ging alles nur mit Vorkasse. Drei Minuten warmes

Wasser aus einem nicht regulierbaren Strahl in einer engen Kabine. Es war absolutes Hütten-Kontrast-Programm. Dort die Lizumer Hütte blitzblank, neu renoviert und nette Hüttenwirte, hier mürrische Gesichter, den Geldarm für alles zuerst ausgestreckt. Ich hatte nicht den Eindruck, als wäre man an den Wanderern interessiert. Nicht einmal über die Wettervorausschau für den nächsten Tag konnten sie uns informieren.

Der Neuauflage 2006 von *Wandern Kompakt Traumpfad München – Venedig* muss ich an dieser Stelle deutlich widersprechen. Zitat: »Wir dürfen uns auf einen geruhsamen Bergabend in dem neu renovierten Tuxerjochhaus freuen.« Von neuer Renovierung habe ich nichts gesehen. Die Geruhsamkeit ist erst spät eingekehrt, als sich das ›Touristenaquarium‹ geleert hatte. Es ist ein glasverkleideter Anbau mit Sicht auf die Tuxer Paradeberge Olperer und Gefrorene Wand. Hierher kommen die Tagesausflügler von Hintertux hoch zum Sonnen und Bergwelt Genießen. Das ist die Hauptkundschaft. Die Wanderer sind nicht so wichtig. Ich kann es ja auch verstehen, das Geldverdienen steht eben im Vordergrund. Selbstbedienung zu Preisen, die den Beutel schnell erleichtern.

Im Nachhinein betrachtet, hätten wir nicht zum Jochhaus aufsteigen sollen, sondern zur Liftstation gehen und dort mit dem Lift zum Spannagel-Haus fahren sollen. Es macht von außen einen sauberen, renovierten Eindruck, wie wir am nächsten Morgen feststellten.

Das Tuxerjochhaus war an diesem Abend ausgebucht. Sogar im Flur wurde auf Luftmatratzen genächtigt. Wir schliefen in einem Sechs-Bett-Zimmer. Weil wir die Ersten waren, hatten wir die besten Plätze, die beiden unteren Betten vor dem Fenster. In Ermangelung eines Trockenraumes haben wir, die anderen Mitbewohner dann auch, Wäscheleinen gespannt und die feuchten Teile in der Nacht zum Trocknen aufgehängt.

Es gab eine Besonderheit in unserem Zimmer, es hing ein Bild von Venedig an der Wand. Ein kleiner Wink: Egal wie die Kammer aussieht, egal wie die Stimmung ist, das ist das Ziel. Mit Blick und Gedanke ›Venedig‹ bin ich irgendwann in die Traumregionen abgesegelt.

Die Nächte in voll belegten Zimmern sind unruhig. Einer schnarcht immer, einer wälzt sich immer im knarrenden Bett und einer muss immer auf die Toilette. Ich habe das einfach toleriert und nicht groß darüber nachgedacht. Ich war ja auch einer von ihnen. Dass ich nicht ruhig schlafe, weiß ich, dass ich schnarche, sagen mir die anderen, und wann ich nachts heraus muss, bestimmt meine Blase. Die Nächte in Mehrbettzimmern sind einfach hinzunehmen. Sie sind nicht gewollt, aber sie sind ganz markante Merkmale einer Alpenüberquerung.

Dienstag, 29. Juli 2008

DIE FRIESENBERGSCHARTE

Den Vorteil als Frühaufsteher hatten wir hier beim Waschen und Toilettengang. Als wir uns dann um sieben Uhr zum Frühstückfassen am Tresen anstellten, stand im Flur die Schlange vor den entsprechenden Einrichtungen. Eine Dusche, ein Vierer-Waschplatz, eine Toilette für mehr als 40 Leute.

Dieser Tag war für mich ein psychologischer Tag: der Übergang über die Friesenbergscharte. In der Vorbereitung hatte ich Stunden über den Karten gesessen, um diesen Übergang zu vermeiden.

Warum?

Mit 2 900 Metern einer der höchsten Punkte und ein Abstieg, der als schwierig und spektakulär beschrieben wurde. Beim Surfen im Internet schwankten die Meinungen zwischen »für gute Berggänger, die trittsicher und schwindelfrei sind, kein Problem« und »ich habe Frauen kreischend umkehren sehen«.

Es war für mich einer der Knackpunkte der München – Venedig-Tour. Seit dem Frühstück, das ganz dem Stil der Hütte entsprach, hatte ich eine Unruhe in mir.

Was kommt auf mich zu?

Was ist, wenn ich es nicht schaffe?
Was ist, wenn mich die Angst zum Umkehren zwingt?

Wir sind zur Sommerbergbahn abgestiegen, um dann bis zum Tuxerfernerhaus mit der Bahn hochzufahren. Mit uns um neun Uhr in der ersten Bahn Skifahrer, die voller Freude und Tatendrang nach oben fuhren. Für uns zunächst ein kleiner Abstieg zum Spannagelhaus, für die anderen ein weiterer Lift, der sie dann in Richtung dreitausend Meter brachte.

Der Einstieg in den Weg zur Friesenbergscharte war schnell gefunden. Zuerst über einen kräftig sprudelnden Bach, der das Tauwasser des Gletschers abführte. Die Brücke war luftig, aber sehr gut mit Seilen rechts und links gesichert. Der Anstieg des heutigen Tages war nur 400 Meter, doch das schwarze Geröll forderte Kraft. Es war eigentlich kein Weg, sondern ein Gehen und Steigen über mehr oder weniger große Felsbrocken, teilweise auch unter Benutzung der Hände. Die rotweiße Markierung war immer gut zu erkennen. In den Schneefeldern waren die Trittspuren gut und fest. Ab und zu versank mal ein Bein bis zum Knie, aber es war nicht problematisch. Das Ziel hatten wir immer vor Augen, der Übergang war durch eine rotweiße Stange gekennzeichnet.

Die Scharte war schmal, Platz für drei bis vier Leute, der Blick erregend. Das Friesenberghaus und der gleichnamige See lagen direkt 500 Meter unter uns, die weißen Zillertaler Alpen, der Alpenhauptkamm, gegenüber. 1100 Meter weiter unten sahen wir einen Teil des Schlegeisspeichers. Das war das Tagesziel.

Jürgen saß vor mir und schaute auf den Abstieg. Ich schaute mir auch den Abstieg an, den schmalen Steig direkt an der Felswand, die Seilversicherung.

›Das sieht ja ganz vernünftig aus‹, war mein erster Gedanke.

Der zweite Gedanke: ›Das schaffe ich!‹

Zu Jürgen habe ich gesagt: »Das packen wir, schön langsam und konzentriert.«

Ich wurde ganz ruhig, das bange Gefühl des Morgens war nicht mehr vorhanden. Dann habe ich meine Kamera ausgepackt, nach allen Himmelsrichtungen fotografiert und kleine Filme nach jeder Seite gedreht. Die Aussicht war sensationell, ich war dankbar für das gute Wetter und die Sichtverhältnisse. Die Sonne beschien die Gletscher der Zillertaler Alpen. Die wenigen Wolken und die hintereinander stehenden Bergketten ließen alles plastischer erscheinen.

Wir haben uns nicht sehr lange aufgehalten und auch keine Vesperpause gemacht. Ich jedenfalls war total auf das Absteigen konzentriert. Normalerweise hätten wir länger die Aussicht genossen, aber die Spannung des kletterartigen Abstiegs trieb uns vorwärts.

Noch einmal zurückgeschaut auf unseren Aufstiegsweg, zum Tuxerjochhaus, dann den Abstieg fixiert und gesagt: »Auf geht's!« und das erste Seil angepackt. Der Rucksack war inzwischen kein großes Problem mehr. Ich hatte mich daran gewöhnt, das Gewicht und die Zugkraft nach hinten einzuschätzen. So ging es den Felsen entlang, Schritt für Schritt und immer die Seilsicherung fest in der Hand. Der

Pfad war so schmal, dass wir nur bergwärts gerichtet mit Seitwärtsschritten gehen konnten.

Jürgen kam mit Abstand gleich hinten nach.

Richtig schwierig wurde es bei der Überquerung einer großen Felsplatte. Es war kein Weg, sondern es waren große Stahlstifte als Tritthilfen in den Felsen gehauen. Mit den Händen am Drahtseil und den Füßen auf den Stahlstiften fühlte ich mich gefordert. Höchste Konzentration, kein Blick nach unten, nur auf den nächsten Schritt geachtet. Diese schwierigste Passage war Gott sei Dank nicht so lang. Es hat circa zwanzig Minuten gedauert, bis wir auf zwar noch steilen Steigen normal nach unten gehen konnten. Geröll bis zum Friesenberghaus. Wir schauten zurück und blickten nach oben zur Scharte. Das schwarzgraue Gestein lässt alles noch unwirtlicher erscheinen. Weder die Fotos von oben noch von unten geben die wirkliche Steilheit der Abstiegswand wieder. Von oben mit dem Friesenberg-See als Fixpunkt wird sie deutlicher.

Ich war nach dem gelungenen Abstieg erleichtert. Es war kein Stein, der vom Herzen fiel, es war mehr eine Bestätigung.

Kurze Einkehr im Friesenberghaus. Das Wetter war nicht mehr so freundlich, der Wind blies kräftig über die Terrasse. Wir beschlossen, morgen einen Ruhetag einzulegen und uns zu pflegen. Körperliche Blessuren hatten wir keine, aber die Beine sollten eine Pause bekommen.

Der Abstieg zum Schlegeisspeicher und zur Dominikushütte dauerte noch zwei Stunden. Wir hatten noch nicht festgelegt, wo wir den Ruhetag verbringen wollten. In die

Dominikushütte wollten wir nicht, dort gab es nur die allgemeine Dusche im Keller. So hatten wir uns den Erholungstag nicht vorgestellt. Vom Hüttenflair hatten wir erst einmal genug. Wir wollten komfortabel ruhen und rasten.

Die einzige Alternative war, mit dem Bus nach Mayerhofen ins Zillertal zu fahren und dort etwas suchen. Eine Stunde mit dem überfüllten Bus nach Mayerhofen, wir waren gut durchgeschwitzt und haben im Bus sicher nicht zur Geruchsverbesserung beigetragen. Ich hätte nicht gedacht, dass die Fahrt so lange dauert, doch die Strecke, die auf der Karte kurz aussieht, ist 22 Kilometer lang, sehr kurvenreich und teilweise nur einspuriger Ausbau mit Wechselverkehr, deswegen lange Wartezeiten.

In Mayerhofen beim Marsch zum Touristenbüro schallte Volksmusik und ›happy dancing music‹ rechts und links aus den überdachten Lokalen. Volles Kontrastprogramm. Die Terrassen- und Straßencafés voll besetzt. Alles in kurzen Hosen, leichter Bekleidung und Flip Flops. Dazwischen zwei Versprengte mit dicken Bergstiefeln und Rucksack und langen Wanderhosen.

In Mayerhofen im Touristenbüro hat Jürgen alles gemanagt. Vier Sterne mussten es sein, Einzelzimmer und entsprechender Wellness-Bereich. Jürgen sehnte sich nach Massage und Sauna. Es war nicht ganz einfach, denn im Zillertal war Hochsaison. Im Hotel Stillupper waren zwei Einzelzimmer frei. Es lag direkt an der Kreuzung Hintertux – Schlegeis, wahrscheinlich deshalb. Zwar hatte Jürgen Bedenken wegen dem Standort direkt an der Straße, doch es war eine gute Wahl und nachts alles ruhig. Der Komfort war hervorragend, der Wirt nett und an unserer Tour interessiert. Service, Essen, Frühstücksbüfett sehr fein, der Garten schön und einladend. Es war ein Volltreffer für unseren ersten Ruhetag.

Kaum war ich auf meinem Zimmer, hatte ich einige Schreckminuten zu überstehen. Die leichten Trekkingschuhe hatte ich immer außen am Rucksack festgemacht. Bei Absetzen des Rucksacks im Hotelzimmer merkte ich, dass ein Schuh fehlte. Hatte ich ihn im Bus verloren oder im Taxi zum Hotel?

Die Vorstellung war schrecklich, heute noch in den Ort laufen zu müssen und Schuhe zu kaufen. Ich ärgerte mich maßlos, da kam der erlösende Anruf von der Rezeption. Sie hätten einen Schuh gefunden, ob der mir gehören würde? Danke!

Erleichtert ging ich ins Badezimmer und schon lag ich drin in der Badewanne. Dieser Luxus nach der Übernachtung auf dem Tuxerjochhaus musste sofort ausgenutzt werden. Entspannung im warmen Wasser. Ab und zu etwas nachlaufen lassen, es hat nur noch die Entspannungsmusik gefehlt. Ich wollte Jürgen anrufen, doch der meldete sich nicht. Wie er mir später sagte, war er so schnell in der Sauna wie ich in der Badewanne.

Danach große Wäsche. Die Gelegenheit nutzte ich, um alles wieder auf Vordermann zu bringen. Nicht Gebrauchtes auf den Balkon zum Lüften, das Gewaschene auf die Wäscheleine.

Nach Erledigung aller wichtiger Arbeiten war Freizeit

an der Bar. Mit Weizenbier als Entspannung und Aperitif las ich in einer Bergsteiger-Zeitschrift über den Traumpfad ein Zitat: »Wer nur mit dem Rucksack beladen Venedig erreicht, ist ein reicher Mensch!«

Ich halte nicht viel von derart pathetischen Sprüchen. Der Reichtum des Herzens ist ein sehr dehnbarer Begriff und hängt vom eigenen Empfinden ab. In dieser Zeitschrift wie auch in vielen Fernsehsendungen wird der Weg München – Venedig fast schon glorifiziert. Es wird leider zu wenig über die Mühen und oft kärglichen Umstände der Tour berichtet.

Am Abend gönnten wir uns nach zweimaliger Hüttenkost wieder Besseres. Nudeln mit Pfifferlingen und Fisch mit Salat. Eine Flasche Wein dazu, Zweigelt rot und fruchtig. Falls sich ein Feinschmecker daran stören sollte, dass wir roten Wein zu Pfifferlingen und Fisch getrunken haben, möge er sich beruhigen. Es muss nicht immer Weißwein sein, der Zweigelt passte hervorragend. Die Ruhephase hatte gut begonnen.

Als ich dann im Bett lag und die Beine entspannt von mir streckte, ließ ich noch einmal den Abstieg von der Friesenbergscharte vor mir ablaufen. Es war eigentlich gar nicht so schlimm gewesen, ich hatte mich bei der Planung in etwas hineingesteigert. Hinterher lässt sich leicht darüber urteilen. Auf alle Fälle war es für mich ein befriedigender Tag mit einem schönen Ausklang.

Mittwoch, 30. Juli 2008

RUHETAG IM ZILLERTAL

Morgens habe ich mich noch mindestens zweimal im Bett umgedreht. Heute keine Wanderpflicht! Ein tolles Frühstücksbüfett erwartete mich als Kontrast zu den kärglichen Morgenmahlzeiten auf den Hütten und ganz viel Zeit, dieses zu genießen. Jürgen kam auch später und war glücklich, im Garten sitzen zu können und in der Sonne lange und ausgiebig zu frühstücken. Seinen heißgeliebten selbstgeschnippelten Obstsalat konnte er hier in großer Menge genießen.

Ein Spaziergang durch den Ort Mayerhofen war die einzige körperliche Aktivität an unserem Ruhetag. Ein sehr touristischer Ort vom Flair und von der Ausstattung her. Die Seilbahn auf den Penken startet mitten im Ort nach dem Motto: ›Aus dem Bett in die Bahn.‹ Wir waren froh, etwas außerhalb zu wohnen. Die Stille im Garten des Hotels war entspannend. Der Autoverkehr war zu vernachlässigen. Es waren keine Durchgangsstraßen. Die eine führte zum Schlegeisspeicher, die andere nach Hintertux. Morgens fuhren die Urlauber hinauf und abends wieder herunter. Tagsüber war Ruhe.

Für den Nachmittag hatte sich Jürgen einen Masseur bestellt, um sich richtig zu regenerieren. Ich hatte nicht das Gefühl, das auch zu brauchen. Der Gedanke, auszuruhen und die Beine ausgestreckt auf einen Gartenstuhl zu legen, reichte mir vollkommen.

Und da kamen sie, die Gedanken. Nicht abgelenkt von irgendwelchen Aussichten. In diesem sehr entspannten Zustand lasse ich meiner Phantasie und der kleinen Verrücktheit ihren Lauf.

Die Berge als Weltverbesserer, die Berge als Friedensstifter, die Berge als Herausforderung der Politik. Wer nicht hinaufsteigt, hat keinen Überblick, wer nur im Tal ist, hat einen begrenzten Blick.

Bei den wichtigen internationalen politischen Besprechungen wird immer von einem Gipfel gesprochen. Vielleicht sollte der wirklich einmal auf einem Gipfel stattfinden.

Der Bezug zur Realität und der ehrliche Bezug zu sich selbst ist nirgendwo besser zu finden als bei der körperlichen Anstrengung in der Natur. Ruhe und Einsamkeit bringen andere Bilder hervor als das Herumschwimmen im Medienrummel. Die Klugheit einer Entscheidung entspringt reiflicher Überlegung und nicht einem Statement vor laufenden Fernsehkameras.

Wie wäre das? Die großen Staatsmänner und Staatsfrauen gehen einfach mit ihren Gesprächsunterlagen im Rucksack auf den Gipfel. Ganz ohne Sekretäre oder -innen, die ihnen die Unterlagen lesegerecht vorlegen. Die Politiker müssten so lange oben bleiben, bis eine Einigung erzielt wird. Nicht wie jetzt üblich auf irgendeinen Landsitz zu fahren oder sich per Helikopter hinfliegen zu lassen und dann medienwirksame Vereinbarungen und Sprüche vor Kameras und Mikrofonen von sich zu geben, die kurz nach der Abreise beiderseits wieder dementiert werden. Alles verknüpft mit der Drohung: Wenn die Vereinbarungen nicht eingehalten werden, dann geht noch einmal hinauf und im Hüttenflair muss nachverhandelt werden.

Die Berge würden sicherlich eine größere Annäherung bringen. Dies hat Friedrich Nietzsche bereits erkannt und beschrieben: »Einige Stunden Bergsteigen machen aus einem Schuft und einem Heiligen zwei ziemlich gleiche Geschöpfe. Die Ermüdung ist der kürzeste Weg zur Gleichheit und Brüderlichkeit.«

Die Mühen des Körpers lassen den Geist auch etwas friedfertiger werden und die Überheblichkeit weicht der Toleranz. Die Ehrlichkeit der Natur würde sicher zur Offenheit beitragen und der freie Blick über Berg und Tal den Weitblick schärfen.

Die Herren Journalisten wären ebenfalls verpflichtet, ihre Utensilien hinaufzutragen, wenn sie Bericht erstatten wollen. Ich bin ganz sicher, dass ihre Anzahl deutlich geringer wäre als bei den Veranstaltungen in den Nobelhotels unten. Die sehr breit ausgelatschten Berichte in den Medien wären kürzer und informativer.

Noch ein Vorteil eines Gipfels auf dem Gipfel: Wenige Demonstranten. Wenn der Atem pfeift und die Beine schmerzen, wird nicht mehr so hitzig revoltiert. Eine große Mehrheit wird vor dem Aufstieg eine Gesinnungsprüfung durchführen und feststellen, dass sie zwar dagegen sind, aber vielleicht doch nicht so ganz unbedingt. Bei einem anderen Teil wird sich beim Aufstieg ein Gesinnungswandel vollziehen, der sie zur Umkehr veranlasst.

Ich war so selbstzufrieden und ein bisschen verliebt in diese Gedankenspiele, bis mich der Duft von Kaffee wieder in die Realität zurückholte.

Das Kuchenbüfett für die Pensionsgäste war bereitgestellt. Wir hatten zwar keine Pension gebucht, aber die Kuchenstücke standen so verlockend auf dem Tablett. Also haben wir uns erbarmt, sogar ein zweites Mal.

Abends gab es noch einmal Pilze mit Cointreau-Soße, interessant. Die zwei Kugeln Vanilleeis mit Schokoladensoße waren der Pflicht-Nachtisch. Mit der Begründung, dass wir zwei so nette Gäste seien, haben wir uns ganz gerne noch zwei Willis ›aufdrängen‹ lassen. Ein empfehlenswertes Haus.

Donnerstag, 31. Juli 2008

SÜDTIROL BEGRÜSST UNS

Die Bushaltestelle lag genau gegenüber von unserem Hotel an der Straßengabelung Schlegeis – Hintertux. Um acht Uhr sind wir, frühzeitig wie immer, in den ersten Bus gestiegen und wieder hinauf zum Schlegeis-Speichersee gefahren. In einer Stunde ließen wir uns entspannt und gut regeneriert nach oben schaukeln. Die schneebedeckten Zillertaler Alpen lachten uns an, die Sonne von oben dazu. Wir waren gut relaxed, der Tag, der vor uns lag, war nicht so schwierig. Knapp 500 Meter hinauf und 700 Meter hinunter waren zu bewältigen.

Heute ging es von Österreich nach Italien, genauer gesagt nach Südtirol. Die Grenze war erkennbar an einem verlassenen Grenzhaus, eingezäunt und die Fenster vergittert. Typisch für die Stationen der italienischen Carabinieri. Ein paar Meter nach der früheren Grenze steht das Pfitscher Jochhaus. Der Wirt vom Stillupper sagte, hier oben müsse man unbedingt Spaghetti essen, und irgendwo hatte ich gelesen, die Wirtin sei ausnehmend nett. Die junge Frau hinter dem Tresen konnte nicht die Wirtin sein, sie war unfroh und leicht muffig. Die Spaghetti haben sich durch nichts von denen auf anderen Hütten unterschieden. Fad und teuer. Ziehen wir das Positive aus dieser Rast: zum Empfang in Italien ein landesübliches Gericht.

Beim Blicke-Schweifen-Lassen, Rasten und Landschaft Genießen habe ich zwei junge Frauen mit dem gleichen Wanderführer angesprochen.

»Auch auf dem Weg nach Venedig?«

Es waren zwei Studentinnen aus Münster, die sich mit wenig Geld auf den Weg von München nach Venedig gemacht haben. Sie verpflegten sich selbst und biwakierten im Freien. Wir haben sie dann abends im Gasthof Stein noch einmal gesehen, als sie nach einem billigen Quartier fragten. Sie wurden an einen tiefer liegenden Bauernhof verwiesen.

»Er lässt oft welche im Heustadel übernachten«, sagte die Wirtin.

Unser Weg zu dem vier Häuser zählenden Weiler Stein über Wiesen war eine leichte Wanderung. Wir hatten Zeit, das Zimmer war bestellt. Während des Abstieges hatten wir immer den nächsten Tag vor uns im Blickfeld: den Übergang über den Alpenhauptkamm. Das Gliderschartl war deutlich zu erkennen. Für mich wieder eine Knackpunkt-Etappe, vor der ich einen Heidenrespekt hatte. Respekt vor den zu bewältigenden Höhenmetern, rauf wie runter und vor der Länge. 1 100 Meter hinauf zur Scharte und 1 500 Meter Abstieg auf der anderen Seite standen wie ein psychischer Berg vor mir.

Gasthof Stein, ein hundert Jahre altes Haus, das früher einmal ein Bauernhof gewesen war. Einiges hat sich nicht verändert. Alte einfache Fenster, die sich teilweise nicht mehr schließen ließen. Breite unbehandelte Holzdielen und die etwa fünfzig Jahre alte Einrichtung. Auf dem weiß bezogenen Bett ein Schokolade-Betthupferl. Wir haben es nicht gegessen.

Wir waren frühzeitig da, konnten aber nicht duschen, es gab noch kein warmes Wasser. Der holzbeheizte Kessel war noch nicht in Betrieb und der Mann noch nicht da.

Die Terrasse war wunderbar sonnenbeschienen, das wurde von uns sofort ausgenutzt. Der Apfelstrudel mit Vanilleeis schmeckte gut und die bedienende Schwiegertochter war freundlich. Wir legten die Beine hoch und sinnierten.

Ein Ehepaar aus der Gegend von Sigmaringen tauchte auf, auch Venedig-Geher. Zu erkennen sind sie alle an dem blau-roten Wanderführer *Traumpfad München – Venedig*. Beide waren sehr gesprächig und eifrig um Kontakt bemüht.

Bis zum Abendessen war noch Zeit, deswegen habe ich noch ein wenig mit der Wirtin gequatscht. Die Seniorchefin, eine abgearbeitete Frau, die filterlose Zigaretten rauchte, war dem Haus angepasst. Ich hatte den Eindruck, dass sie mit ihrem Leben nicht sonderlich zufrieden war. Alles stufte sie sehr abwertend und fatalistisch ein. Über ihre Nachbarin – es gab nur die eine, größer war der Ort Stein nicht – redete sie schlecht. Selbige hatte ihr Haus zu einer Pension umgebaut, die sehr schmuck und einladend aussah. Beim Eintreffen in Stein hatte ich mich schon ein bisschen geärgert, dass ich nicht dort gebucht hatte.

»Sie hält keine Reservierungen ein und sonst ist auch nicht alles in Ordnung«, hörte ich und noch ein paar Abwertungen. Ich habe dann auch nicht mehr richtig zugehört. Am nächsten Tag trafen wir zwei junge Männer, die dort genächtigt hatten und die Freundlichkeit, Sauberkeit und das Essen über alles gelobt haben.

Zwischenzeitlich traf der Mann ein und wurde sofort zum Kessel beordert. Er schob kräftig Holz in den Ofen und erzeugte heißes Wasser zum Duschen. Mittlerweile waren über zehn Gäste da. Wir hatten, weil vorbestellt und frühzeitig eingetroffen, ein Doppelzimmer. Die anderen mussten in Mehrbettzimmern schlafen.

Kurz vor dem Abendessen traf noch ein französisches Ehepaar ein, beide so um die sechzig. Sie saßen an unserem Tisch und wir haben uns unterhalten. Unterhalten wie man eben so eine Unterhaltung führt, wenn das Paar kein Deutsch und minimal Englisch spricht und wir wenig Englisch und nur Reste von Schulfranzösisch im Kopf haben. Für die Speisekarte war Gott sei Dank ein Tagesgast mit perfektem Französisch der Nähe. Danach waren wir der Konversation ausgeliefert. Hingeworfene Wortbrocken, eindeutige Gesten und die Wanderkarten haben ausgereicht.

Wir haben erfahren, dass die beiden seit 27 Tagen von Triest bis hierher unterwegs waren und in Ginzling bei Mayerhofen ihre Tour unterbrechen. Warum gerade hier, konnte ich nicht herausfinden. Sie planten, bis Nizza zu laufen, also die Alpen längs zu durchwandern. Auf der Karte haben sie uns gezeigt, welche Touren sie bisher gelaufen sind. Da sind uns die Augen übergegangen, da waren Mordstouren pro Tag dabei mit bis zu 2 000 Höhenmetern Aufstieg. Wir haben auch herausgehört, dass er früher viel in Nepal beim Bergsteigen war. Ich habe ihm geglaubt. Er hatte eine schlanke und zähe Figur. Die Frau neben ihm sah aus, als hätte sie gerade einen kleinen Stadtbummel hinter sich. Keine Spur von Erschöpfung. Sie war blondgrau, redete fast gar nichts und lächelte wie ein junges Mädchen.

Jürgens schon obligatorischer Nachtisch kam, zwei Kugeln Vanilleeis mit Schokoladensoße, an den ich mich immer gerne angeschlossen habe. Da brachte er das ›Bonmot‹ des Tages, laut, dass alle es hören konnten: »Wir bedanken uns für den Gruß aus der Küche!«

Die bedienende Schwiegertochter stutzte, wurde leicht rötlich im Gesicht und alle anderen Gäste schauten sie an.

»Gibt es da etwas umsonst?«

Keiner hatte es ausgesprochen, aber jeder schaute so. Bis die junge Frau ihre Fassung wiedergefunden hatte, dauerte es etwas länger. Ein paar Sekunden Stille, ein paar Sekunden Unsicherheit können lang erscheinen.

»Das hört sich gut an, aber wenn Sie, wie die beiden Herren hier, bezahlen, können Sie auch Vanilleeis mit Schokoladensoße bekommen!«

Jürgen und ich haben den Abend für die Weiterbildung genutzt. Der Besitzer und Kesseleinheizer ging abends zum Melken in den Stall. Wir haben ihn begleitet und uns dort mit den Abläufen vertraut gemacht. Zwölf Kühe im Stall und drei Melkapparaturen. Euter abwischen, etwas eincremen, auf jede Zitze die Saugapparatur aufziehen und an die Rohrleitung anschließen. Jeder Standplatz war über ein Rohrleitungssystem mit dem Sammelbehälter verbunden. Diese Prozedur musste zweimal täglich durchgeführt und die Milch pünktlich zur Sammelstelle weiter unten im Tal gefahren werden. In Deutschland waren gerade Streiks um den Milchpreis beendet und die deutschen Bauern bekamen bis 40 Cent pro Liter. Hier waren es 48 Cent.

Vor dem Einschlafen habe ich über das bis jetzt Erreichte nachgedacht. Bei der Planung sind wir nicht davon ausgegangen, es in einem Zug nach Venedig zu schaffen. Wir hatten auch über Ausstiegsstationen nachgedacht. Stein im Pfitschtal war eine solche. Es gab die Möglichkeit, nach Sterzing zu kommen und von dort nach Hause. Ich wollte auf alle Fälle bis hierher kommen, das war mein erstes Ziel gewesen.

Bei diesem geistigen Check habe ich festgestellt: die Einstellung zur Wanderung ist weiter euphorisch und die körperliche Fitness ist gut. Also weitergehen. Jürgen hatte ebenfalls keine Probleme. Vor der Überquerung des Alpenhauptkammes, eine der Königsetappen, hätten wir leicht noch einen Tag körperliche und mentale Vorbereitung einschieben können, aber das Quartier hat uns nicht dazu eingeladen. Zeit hatten wir genug, doch das Wollen trieb uns voran.

Unser Motto lautete: ›So weit die Füße tragen.‹ Bis hierhin hatten sie uns problemlos getragen.

Freitag, 1. August 2008

ÜBER DEN ALPENHAUPTKAMM

Die Nacht war lang, ich habe tief geschlafen. Jürgen hat mich zwischendurch wegen meiner angeblichen Schnarchgeräusche nicht geweckt. Vermutlich hat er gleich Ohropax für seinen ungestörten Nachtschlaf genommen. Das Frühstück war von der besseren Sorte, Wurst, Schinken, Joghurt, anständiger Kaffee. Für Jürgen gab es wie immer und überall seinen Frühstücks-Pfefferminztee. Die Bezahlung unserer Rechnung fand im Getränkelager statt, dort stand die Rechenmaschine auf einem Kühlschrank und die Belegvordrucke lagen auf den Getränkekartons. Passend zum Stil des Hauses.

Von den beiden Franzosen haben wir uns auch noch verabschiedet. »Aujourd'hui une tour jolie et une bonne retour à Paris!« Das habe ich gerade noch so zusammengekratzt. Ich hatte das Gefühl, dass sie mich verstanden haben.

Dann begann eine Hammertour. 1100 Meter Aufstieg und 1500 Meter Abstieg von Stein nach Pfunders. Nach der Friesenbergscharte war das für mich der zweite neuralgische Punkt. Auch diese Tour hatte ich mir im Vorhinein in allen Variationen vorgestellt, Schwierigkeiten, Müdigkeit und Erschöpfung schon vorher durchlebt. Ich war an diesem Tag sehr angespannt. Selbst der Gedanke, ›die Friesenbergscharte war auch nicht so schlimm wie gedacht‹, beruhigte mich nicht. Dort war es die Angst vor dem Abstieg und dieses Mal war es die Länge und die Härte der Tour, die mich belastete.

Bis zum endgültigen Aufstieg auf fast 2700 Meter zog sich der Weg lange hin, zuerst etwas abwärts an das Ende des Pfitschtales und dann steil durch den Wald nach oben, einige Male auf allen Vieren. Wir wanderten anschließend sehr angenehm durch ein grünes Hochtal in Richtung Hochfeiler, einem der schneebedeckten Dreitausender der Zillertaler Alpen.

Hier begegneten wir zum ersten Mal dem Wegbegleiter, dem wir am häufigsten auf der weiteren Reise begegnen sollten. Franz saß auf einem Stein am Bett des Gletscherbaches. Er war allein unterwegs in Richtung Venedig. Wir ließen uns von ihm fotografieren und erfuhren, dass er als Selbstverpfleger mit Zelt und Feldkocher unterwegs sei. Ein netter sympathischer Kerl. Er hat sich sehr über unsere großen Rucksäcke amüsiert, denn er war nur mit kleiner Ausrüstung unterwegs. Er konnte nicht verstehen, was wir alles für wichtig hielten und dabei hatten.

Vom Bachbett an begann der richtige Aufstieg. Ich habe mich hinauf zum Gliderschartl so richtig geplagt. Jürgen ging an diesem Tag mit den Stöcken bergauf und hatte einen super Lauf. Gleichmäßig und zügig ging er voran. Für mich war es wieder so ein Hundeberg. Je höher es hinaufging, um so steiler wurde er. Das Schottergestein und die

Felsbrocken gingen so richtig in die Beine. Immer wieder musste ich stehen bleiben, verschnaufen, Wasser trinken. Es war für mich eine grenzwertige körperliche Erfahrung. Ich kam nur langsam voran. Weit unter mir sah ich drei Wanderer. Sie kamen stetig näher. Ich hatte das Gefühl, nicht vom Fleck zu kommen.

Fünf Schritte! Stehen bleiben! Vier Schritte! Stehen bleiben! Eigentlich die Zeit, um die Aussicht auf die Gletscher der Zillertaler Alpen zu genießen. Zum Genießen war mir nicht zumute.

»Verdammt noch mal, reiß dich zusammen und geh weiter!«

Dies habe ich mehr als einmal zu mir gesagt, auch laut. Zwei der drei Wanderer waren nicht mehr weit von mir. Ich wollte unbedingt vor ihnen auf der Scharte sein. Es ging nicht. Ich war wie zwiegespalten, als hätte ich zwei Existenzen in mir: Den Kopf, der klare Signale aussandte: ›Weitergehen!‹ und die Beine, die einfach nicht mehr wollten mit dem Signal: ›Keinen Schritt weiter!‹

Ich habe mich dann hingesetzt und aus der Verpflegungstasche im Rucksack den Traubenzucker herausgeholt, gleich zwei Riegel gegessen, dann wieder zur Flasche gegriffen und fünf Minuten ausgeruht.

Der erste Wanderer kam vorbei, kurz danach der zweite, eine Frau. Sie riefen dem dritten weiter unten einige Worte zu. Am Sprachklang erkannte ich sie, es waren Österreicher.

›Jetzt auf, los!‹, befahl der Kopf, von drei Österreichern wollte ich mich auf keinen Fall überholen lassen. Langsam stieg ich auf das Ziel Gliderschartl zu. Jürgen war schon oben und sah meine Schwierigkeiten.

»Soll ich kommen und deinen Rucksack hochtragen?«

»Nein, ich schaffe das schon!«

Es war mein Rucksack und den trage ich selbst hoch. Es war trotziger Ehrgeiz.

Knapp vor ›Karli‹, so hieß der dritte Österreicher, war ich oben. Ich war platt. Mein Respekt vor dieser Wegstrecke war berechtigt. Die Erholung dauerte ihre Zeit. Erleichtert, es geschafft zu haben, konnte ich nun den Rundumblick auf mich wirken lassen. Das steile Gegenkar unterhalb des Hochfeilers, den Rückblick in Richtung Pfitscher Joch. Nach Süden die Pfunderer Berge, die von der Optik nicht so viel hergaben wie die Zillertaler, da sie mit leichten Grün überzogen sind. Die Kombination von Fels und Schnee bietet den dramatischeren Anblick und wirkt auf das Auge plastischer. Der Grindlersee mit den grün umrahmten Felsen in Blickrichtung Abstieg hatte etwas Friedvolles an sich.

Wir waren umgeben von Wanderern, die fröhlich ohne jeden Lärm Rast machten. Wir kannten fast alle vom Abend vorher von der Übernachtung in Stein. Auch die beiden jungen Männer waren da, die in Stein in der Nachbarpension geschlafen hatten. Sie äußerten sich positiv über das Zimmer und die Bewirtung. Mir fiel in dieser Atmosphäre ein Gedicht aus dem Buch »Preisend mit viel schönen Reden« von Thaddäus Troll ein:

Ehre sei Gott in der Höhe
Er schuf den Hof so hoch und rund
Damit nicht jeder Lumpenhund
Mit denen das Tiefland so reichlich gesegnet
Hier oben dem fröhlichen Wanderer begegnet

Es ist wirklich wahr: die Menschen, denen wir begegneten, waren alle von einer ehrlichen, offenen Freundlichkeit. Das gemeinsame Bergerleben und die gemeinsame Anstrengung wird einem ›Lumpenhund‹ wohl nicht in den Sinn kommen. Zum anderen ist auch nichts zu holen, denn jeder hat nur das Notwendigste dabei und keine Luxusgüter. Geld und Kreditkarten hat jeder sicher in seinem Brustbeutel verwahrt. Dieser Beutel gehört zur Standardausrüstung eines Tourengängers.

Der Abstieg: eine halbe Stunde über Felsgeröll, dann über Wiesenwege gleichmäßig nach unten. Das Wetter verschlechterte sich zusehends. Auf der einen Seite noch Sonnenschein, auf der anderen Seite kamen hinter den Bergen immer mehr Wolken hervor. Das leichte Grummeln wandelte sich in lauter werdendes Donnern. Die Wolken wurden dunkler. Ein Gewitter in den Bergen ist nicht ohne Risiko. Bevor er die Naturgewalten losließ, hatte Petrus ein Einsehen und ließ uns noch die bewirtschaftete obere Engbergalm erreichen.

Der Senner war vom Aussehen her ein richtiger ›Almöhi‹, wie er in dem Kinderbuch ›Heidi‹ beschrieben ist: blaue lange Schürze, weißer Rauschebart, Stiefel und Hut. Seine Erzählungen im Südtiroler Dialekt waren für mich nicht zu verstehen, auch deshalb nicht, weil er nicht deutlich sprach. Die Österreicher kamen gut mit ihm zurecht.

In seiner Hütte fanden wir Schutz. Sein Enkel, der mit dem Motorrad oben war, bewirtete uns mit Bier und Radler aus der Dose. Für das Ehepaar aus Sigmaringen gab es zwei Becher Buttermilch. Ich konnte nicht hinschauen, mich ekelte es. Zur Verdeutlichung: ich habe eine geistige Milchallergie.

Eine Stunde im Halbdunkel einer ›Einraumwohnung‹, in der alles mögliche herumlag. Eine Stunde, in der die elf Menschen kaum etwas mit einander sprachen. Eine Stunde Warten auf Wetterbesserung.

Sie kam und mit viel Dank nahmen wir Abschied von der Hütte und vom ›Almöhi‹. Der Enkel freute sich über Jürgens reichliches Trinkgeld.

Franz war plötzlich auch wieder da, er war nicht in der Hütte gewesen. Er war schneller abgestiegen und hatte irgendwo auf der Wiese im Zelt das Gewitter überstanden.

Nach Pfunders dauerte es noch lange, Schotterwege ohne Ende. Der Bach als Dauerbegleiter war lehmig braun und führte viel Wasser. Das Gewitter hatte seine Spuren hinterlassen. Irgendwo oben musste eine größere Menge Erde abgerutscht sein.

Die Hosen waren voller Dreck, der Weg rutschig nach dem Regen. Die Gruppe strebte mehr oder weniger auseinandergezogen Richtung Pfunders. Es war ein freudloser Marsch. Die Österreicher und Franz blieben gleich in der ersten Wirtschaft hängen. Sie warteten dort auf den Bus nach Niedervintl im Pustertal. Sie wollten dort übernachten. Franz hatte Sehnsucht nach einem Hotelzimmer. Die Wiesen waren nass, da ist ein Bett dem Zelt vorzuziehen.

Jürgen und ich hatten im Gasthof Brugger am Tag vorher gebucht und wieder kein Glück gehabt. Die Wirtin war eine Grantige. Eine kleine Kammer unter dem Dach nur mit einem Dachflächenfenster und einer dunklen Dusche. »Wenn es regnet, müsst ihr zumachen!«

Jürgen wollte ein anderes Zimmer und bot ihr einen Aufpreis an.

»Ausgebucht, ich hab meine Stammgäste im Sommer, die kommen schon seit zwanzig Jahren zu mir!«

Die Sigmaringer hatten nicht gebucht, kamen nach uns und bekamen auch noch ein Zimmer. Neben uns, mit dem gleichen ›Komfort‹.

Jürgen hatte stets Vorrecht bei der Körperreinigung. Ich nahm dann immer sehr gern die Gelegenheit wahr, den tagsüber stark abgefallenen Flüssigkeitspegel wieder anzuheben. Nicht nur die Flüssigkeit musste eingependelt werden, auch die Seele. Das Bier als isotonisches Getränk und Seelentröster. Die ideale Belohnung für eine gewaltige körperliche Leistung.

Beim Weizen an der Theke kam das Gespräch mit der Wirtin auf die Milcherzeugung. Als ich dann meinte, die 48 Cent für den Liter (am Vortag erworbenes Wissen) seien doch sehr gut, fiel sie über mich her. Sie donnerte über die doch leichte Viehhaltung in Deutschland und wie schwer doch die Haltung in den Bergen sei. Als sie dann noch über die besondere Härte ihres Lebens sprach, zog ich es vor, das zweite Weizen auf der Veranda zu trinken. Dort saßen ihre Stammgäste, italienische Senioren. Sie saßen da, erzählten und warteten auf das Abendessen. Ich betrachtete sie und stellte an Kleidung und Gehabe fest, dass sie absolut zu dem einfachen Ambiente dieses Hauses passten. Sie waren zwanzig Jahre hier bestimmt immer gut aufgehoben.

Die Küche war in Ordnung, reichlich, schmackhaft, bodenständig. Das abendliche Thema zwischen Jürgen und mir war wie üblich die Route des nächsten Tages. Wir haben uns für den ersten Bus morgens ins Pustertal entschieden. Wir hätten sonst zwei Stunden auf der Straße laufen müssen. Für uns war dies wie eine gelbrote Karte im Fußball.

Während dieser Besprechung kamen nach und nach immer mehr in Tracht gekleidete Ureinwohner in die Wirtschaft und tranken an der Theke Bier. Später klärte sich alles auf. Die Wirtin hatte für ihre italienischen Gäste zum zwanzigjährigen Jubiläum eine Gruppe Schuhplattler bestellt. Wir kamen damit noch in den Genuss alpenländischer Folklore. Ich mag diese Auftritte nicht so sehr. Für mich sind diese Aufführungen immer wie ein bisschen Prostitution. Jürgen war begeistert.

Oben im Bett war er es dann nicht mehr. Es war ihm zu eng, zu wenig Luft kam durch die Dachluke. Unter der Bettdecke haben wir beide gestöhnt. ›Honi soit qui mal y pense‹, schlecht ist, wer hier Schlechtes dabei denkt. Das Gewicht der Decke hätte jedem Fitnessstudio Ehre gemacht. Eine Woche hier schlafen und wir wären als Muskelpakete nach Hause gekommen. Bei meinem unruhigen und bewegungsfreudigen Nachtschlaf war das keine Erholung.

Samstag, 2. August 2008

AUF DIE RODENECKER ALM

Die Wirtin war am Morgen wie ausgewechselt, Frühstück mit allem Drum und Dran und mit einem freundlichen Lächeln serviert. Vielleicht war es ihre Zwillingsschwester? Wir sind mit dem Bus um acht Uhr ins Pustertal nach Niedervintl gefahren. Hier gibt es jede Menge freundlich einladende Hotels. Wir hätten doch noch am Tag vorher mit dem Bus hierher fahren sollen. Die Österreicher und Franz haben es richtig gemacht.

Im Ort Niedervintl gab es am Samstagmorgen keine menschliche Ansprache für Touristen, lediglich eine große Anzeigentafel mit den Telefonnummern für Hotels und Hütten. Die Sigmaringer wollten wie wir zur Kreuzwiesenalm, die empfohlene Übernachtungshütte. Sie standen neben uns und telefonierten. ›Nur noch Matratzenlager‹, haben wir mitbekommen. Matratze, nein! Das war für uns beide klar. Der Anruf auf der Starkenfeldhütte war vergeblich, es ging keiner ans Telefon. Die dritte Möglichkeit war die Rastnerhütte, das hieß aber für uns am nächsten Tag eine Stunde mehr laufen. Anruf erfolgreich, Doppelzimmer frei, gebucht.

Die Wanderung auf die Rodenecker Alm, als nicht so

schwer im Führer beschrieben, war wieder eine Anstrengung pur. Fast 1200 Meter Höhe waren zu bewältigen, wieder in einem Zug. Von der Ortsmitte aus über die Rienz in den Rodenecker Wald. Steil bergauf, das war die Ansage für die nächsten vier Stunden. Das Stimmungsbarometer fiel stetig. Schlecht geschlafen, unausgeruht und sich im Wald ohne Aussicht plagen. Das war kein Genusswandern!

Hinter uns auf dem Ziehweg vernahmen wir Motorengeräusche, sie hörten sich nach Traktor an.

»Da kommt sicher ein Waldbauer«, sagte Jürgen und hatte sehr wahrscheinlich schon eine Mitfahrgelegenheit im Hinterkopf. Es kam tatsächlich einer mit einem Traktor. Jürgen hielt ihn an.

»Jo, klor, i nimm aich mit. I woas scho, wo i aich wieder aussi loss!«

Er ließ hinten eine Art Baggerschaufel herunter, wir stiegen ein und er hob sie leicht an. Festgehalten haben wir uns an den Kotflügeln und ab ging die Fahrt nach oben. Den steilen Wanderweg haben wir zweimal gekreuzt und haben uns angegrinst ob der wunderbaren und leichten Höhenbewältigung. Dreckig sind wir bei der Fahrt geworden, weil die grobstolligen Reifen neben den Kotflügeln Matsch vom Weg hochwarfen. Wir sprangen am Wanderweg wieder ab. Unseren Dank wollte der Bauer nur in Form von Worten annehmen. Er wäre sowieso hierher gefahren. Durch diese Aktion haben wir etwa 200 Höhenmeter gewonnen, wir hätten uns gerne noch weitere Höhenmeter mit Dreck bewerfen lassen, so hatten wir die vor uns gestarteten Österreicher und Sigmaringer überholt. Es blieben jedoch noch viele schweißtreibende Höhenmeter vor uns. Die Österreicher haben uns im Wald bald wieder erreicht. Karli fröhlich unterwegs, Susi und ihr Begleiter Pilze sammelnd. Die beiden wollten am gleichen Tag nach Lüsen absteigen und am nächsten Tag nach Hause. Das Pilzgericht werden sie dann mit Freude und Andenken an eine schweißtreibende Wanderung gegessen haben. Karli hatte keinen so festen Plan, er wollte einfach weiter nach Süden. Auf der Ronerhütte haben wir ihnen zugewinkt und sind weiter in Richtung Rastnerhütte.

Im Wald beim Aufstieg sind wir auch einem jungen Pärchen begegnet. Wir haben ein paar belanglose Worte gewechselt. Er hatte eine sportliche Figur, sie war dick, sehr dick. Ganz erschöpft saß sie da und trank aus der Dose. Für mich dachte ich: ›Sie schafft das nicht!‹ Jürgen schaute mich zustimmend an. Es hat uns nicht sehr interessiert, denn wir hatten auch mit uns zu kämpfen. Wenn wir von Pfunders nach Niedervintl gelaufen wären, wie im Tourenführer beschrieben, hätten wir es kaum bewältigt.

Das Wetter änderte sich im Laufe des Vormittags von leicht regnerisch bewölkt hin zu strahlendem Sonnenschein. Oben auf der Almhochfläche angekommen, war es ein Vergnügen, über die Wiesen zu laufen. Unsere Kondition war gut, deswegen haben wir uns schnell erholt und gingen beschwingt über die Graswege zu unserem Tagesziel.

Auf der Rastnerhütte empfing uns ein kleiner Traum. Die Hütte war von außen urig und von innen blitzsauber und renoviert. Das Doppelzimmer war wie im Hotel. Es war sehr klein, mit hellen Holzbetten und einer schön gefliesten Dusche.

»Glück gehabt!«, sagte der Wirt, »normalerweise sind wir ausgebucht, aber gestern hat jemand abgesagt!«

Der Nachmittag war eine einzige Erholung, nachdem wir Wäsche gewaschen und im Freien in der Sonne zum Trocknen aufgehängt hatten. Das Gefühl, etwas geleistet zu haben, ist immer wieder wunderbar. Wir konnten dieses Empfinden schon einige Male abends genießen. Hier hatten wir gleich einen ganzen Nachmittag und den Abend, um uns gut zu fühlen. Heute war es besonders ausgeprägt. Es ist nicht nur mir so gegangen. Jürgen lag im Liegestuhl auf der Wiese und ließ sich von Sonne, Luft und Selbstzufriedenheit verwöhnen. Er döste vor sich hin. Wellness und Sonnenbaden ist die Welt von Jürgen. Am Berg ist er ein zäher, ausdauernder Wanderer, aber der körperliche Entspannungsgenuss darf bei ihm auf keinen Fall zu kurz kommen.

Ich saß auf der Bank an der Hüttenwand, die Beine hochgelegt, mit glücklichen Gefühlen. Das sind die positiven Lebensmomente, die ich nur spüren, aber nicht beschreiben kann. Ich will es gar nicht versuchen, denn es würde nur schwülstig werden und nicht den Empfindungen gerecht werden. Es war, ganz einfach gesagt, etwas Schönes für Körper und Seele.

Ein bisschen fotografieren, die Ausblicke festhalten: links die Pfunderer Berge etwas sanfter geschwungen, rechts in Richtung Ahrntal schneebedeckte Zacken der Riesenferner Gruppe.

Der kleine Abendspaziergang über die Alm zeigte uns das Ziel für den nächsten Tag, den Peitlerkofel. Er steht als erster prächtiger Steinklotz der Dolomiten auf dem Weg nach Süden. Seine isolierte Lage, der markante Nordabfall und die Scharte lassen ihn größer und mächtiger erscheinen, als die effektive Höhe von 2875 Metern andeutet. Weit war er entfernt und wir konnten schon einmal abschätzen, dass uns morgen wieder ein mühevoller langer Tag erwartete. Aber noch konnten wir die untergehende Sonne, die Wärme und die Seelenfreude auf uns wirken lassen.

Sonntag, 3. August 2008

HINEIN IN DIE DOLOMITEN

Die Übernachtung auf der Schlüterhütte als Endpunkt des Tages hatte ich schon am Vortag gebucht. Es ist eine der Hütten, in der alle Weitwanderer übernachten müssen, da es keine Alternativen gibt. Ein Doppelzimmer war bestellt.

Mit dem Frühstück um 7 Uhr auf der Rastnerhütte ging es nicht vorwärts. Das Mädchen in der Küche arbeitete geräuschvoll, aber es kam nichts auf den Tisch. Wir wurden ungeduldig, weil wir wieder eine sehr lange Wegstrecke vor uns hatten. Kaffee, Pfefferminztee, Brot, Butter, Marmelade erschienen so nach und nach auf unserem Tisch. Dann drei große Platten, einmal gekochter Schinken, einmal Speck und einmal Käse. Jetzt wussten wir, warum es so lange gedauert hatte. Eine halbe Fußballmannschaft wäre davon satt geworden. Wir schickten sie mit den Platten wieder zurück in die Küche und orderten eine gemischte Platte. Die reichte dann immer noch für Frühstück und Tagesverpflegung.

Die nächsten, die zum Frühstück kamen, waren Mutter und Sohn aus dem Osten. Das haben wir erst später erfahren, als sie uns immer wieder bei der weiteren Wanderung begegneten.

Mit Kartenmaterial waren wir sehr gut ausgestattet, es war sicher mehr als ein Kilo, das ich die ganze Zeit mitgeschleppt habe. Für das Stück über die Lüsener Almen bis zum Würzjoch war jedoch eine Lücke. Wegen dieser relativ kleinen Strecke wollte ich nicht extra eine Karte kaufen. Ein Spiel des Schicksals, denn genau diese Wegstrecke war nicht oder nur schlecht beschildert. Die grobe Richtung hatten wir durch die Sicht zum Peitlerkofel. Ich hatte eine ordentliche Wut und habe mir geschworen, einen gewaltigen Brief an das Verkehrsamt Lüsen zu schreiben. Randbemerkung: Ich habe es bis heute noch nicht getan.

Die erste Stunde sind wir mal rauf, mal runter, mal kreuz, mal quer gegangen, mit viel aufgestauter Aggression. Als wir am Campill und Jakobsstöckl den richtigen Weg gefunden hatten, baute sich der innere Druck doch recht schnell ab.

In fast 2200 Metern Höhe liegt der Glittner See. Nicht sehr groß und spiegelglatt, wie alle Bergseen, liegt er da. Auf ihm majestätisch zwei Schwäne, die ebenso ruhig auf dem Wasser lagen, dass sich die Oberfläche nicht bewegte. Alles wie erstarrt, wie ein Gemälde mit dem Peitlerkofel als Hintergrund. Wir fragten uns, wie die Schwäne hergekommen waren.

Bis hierher wanderten wir auf Wiesen immer bergauf und bergab, obwohl die Sicht in Richtung Ziel eben aussah. Das war zermürbend, die permanenten kleinen kurzen Auf- und Abstiege kosteten mich viel Kraft.

Wir wanderten nach einer kurzen Brotzeit am See hinunter zum Lüsener Joch und weiter in einer ewig langen

Schleife wieder hinauf zur Maurerberghütte. Es war wiederum eine einsame Wanderung, in fünf Stunden sind uns nur etwa zehn Leute begegnet beziehungsweise haben uns überholt. An der Hütte war es vorbei mit dem ruhigen Wandern. Die Sonnenterrasse war stark frequentiert, die Bedienung lahmarschig, die Sicht wunderschön. Der Peitler stand direkt vor uns.

Eine große Wandergruppe bevölkerte lärmend die Terrasse. Es waren unsere neuen Begleiter für die nächsten Tage. Wie sich später herausstellte, waren es Lehrer aus der Gegend von Nürnberg. Sie machten den Traumpfad in Etappen, jedes Jahr fünf Tage. Sie sind in Brixen eingestiegen und waren dementsprechend frisch.

Wir haben Apfelschorle getrunken und gedacht: ›Gleich sind wir drüben am Peitler und gehen die Scharte zur Schlüterhütte.‹ Wieder einmal wartete eine nette Überraschung auf uns. Das Würzjoch, die Straße, die Lüsen mit Untermoi und dem Pustertal verbindet, lag zwar auf der gleiche Höhe wie die Maurerberghütte, doch dazwischen lag ein Tal. 200 Meter Abstieg und anschließend die 200 Meter wieder hoch. Kurz und steil. Es war das reine ›Vergnügen‹. Unser beider Gefühl befand sich im zweiten Untergeschoss. Ich hatte den starken Willen in mir, ›es ganz schnell hinter mich bringen‹ und bin entsprechend losgestampft. Jürgen war ziemlich platt, wahrscheinlich hatte ihm die Psyche die Kraft genommen. Die Lehrer, wie schon berichtet, waren noch frisch und haben uns zügig überholt.

Die Terrasse des Würzjoch-Hauses war wie der Parkplatz überfüllt. Es war Sonntag, es war traumhaft schön, es war warm, ein Tag wie gemacht für Sonntagsausflügler. Eine schöne Terrasse, eine Aussicht wie gemalt, strahlender Sonnenschein und der Parkplatz direkt davor. Ein Paradies für einen italienischen Familienausflug.

Schnell noch einmal die Wasserflaschen aufgefüllt und nichts wie weg. Ich bin die Menschenmengen nach 14 Tagen zumeist stillen Wanderns nicht mehr gewöhnt. Auf dem Weg zur Peitlerscharte lagerten links die Lehrer, um sich auf den letzten großen Anstieg vorzubereiten. Es herrschte auf dem schmalen Wanderweg ein reger Wanderverkehr. Jetzt am Nachmittag kamen sehr viele zurück von dem Aufstieg auf den Peitler. Von vorne sieht er so uneinnehmbar aus, auf seiner Rückseite ist er mit Seilsicherung ein Berg für viele. Dementsprechend groß war die Anzahl der Begegnungen.

»Wir mischen uns unter die Spaziergänger und schlendern gemütlich über Wiesen zum Peitlerkofel hin.«

Diesen Satz hatte ich aus einer Wegbeschreibung im Kopf, als wir uns nach sieben Stunden Laufzeit in Richtung der Übergangsscharte bereits quälten. Unter Schlendern stelle ich mir etwas anderes vor und hatte schon wieder den Vorsatz, einen Brief, diesmal an den Autor des Wanderführers, zu schreiben. Das habe ich auch nicht gemacht, denn die erfolgreiche Bewältigung einer Aufgabe stimmt milde.

Der letzte Aufstieg war wieder und noch einmal Herausforderung pur. Fast 400 Meter hoch. Die Sigmaringer, denen wir hier wieder begegneten, sahen auch geschafft aus und waren nicht mehr so gesprächig. Der Weg war in gutem Zustand, an einigen Stellen mit Holztreppen gestuft. Er war für den großen Ausflugsverkehr hergerichtet.

Kopf gesenkt, Körper nach vorne geneigt, so ging ich Schritt für Schritt nach oben.

›Und wenn es dir noch so schwer fällt, jeder Schritt bringt dich näher ans Ziel!‹

›Noch zehn Schritte und dann erst stehen bleiben!‹

›Verfluchter Buckel, ich schaffe dich!‹

Das waren so die Gedanken, die immer wieder im Kreis nacheinander abliefen. Es wurden immer weniger, die uns entgegenkamen. Es war später Nachmittag. An diesem Tag hatte Jürgen Probleme. Er stapfte wie beim Aufstieg zum Würzjoch mit einigem Abstand hinter mir her.

Aber auf der Scharte angekommen, sind wir belohnt worden. Das kantige Puezmassiv, der markante Abfall des Kreuzkofel, der grüne Abschwung hinab ins Campill- und Gadertal. Die sanften Wiesenhänge ließen den Aufstiegskampf und die innere Verkrampfung sich umwandeln in das euphorische Gefühl des Sieges. Sieg über den Berg und Sieg über sich selbst.

Jürgen wollte hier oben eine längere Pause machen, er war ziemlich platt. Nicht nur er, auch ich fühlte mich körperlich zermürbt. Das betraf aber nur die Beine. Erstaunt war ich über die schnelle Erholung des Kreislaufs. Das Luftschnappen vom Aufstieg war sofort weg. Die Kondition war in Ordnung, ich fühlte mich nicht überfordert.

Der ›Franken-Express‹, so habe ich die Gruppe der Lehrer getauft, kam auf der Höhe an. Die Bevölkerungsdichte wurde größer. Neben unserem Platz einige Italiener mit ihrer typischen Lebensart. ›Grande Palaver‹, laute Unterhaltung. Wenn zwei Italiener sich unterhalten, gehen sie zuerst zehn Schritte auseinander. Zigarettenrauch und lautes Geschrei, ich konnte es nicht haben. Es kribbelte in mir, mein individueller Berggenuss war gestört.

»Auf Jürgen, weiter zur Hütte!«

»Du treibst schon wieder!«

»Ich halte dieses Geschrei nicht aus!«

»Ich will noch Pause machen!«

»Ich will am Berg meine Ruhe haben!«

Zehn Minuten sind wir noch geblieben, um dann in 20 Minuten die Schlüterhütte zu erreichen. Wieder eine ›Muss-Hütte‹, es gibt keine Alternativen. Dementsprechend voll war sie auch. Wir haben unser am Vortag reserviertes Doppelzimmer bekommen. Es war recht ordentlich. Weiße Bettlaken, weiße Bezüge über einer sehr voluminösen Zudecke.

Ich bin sofort ohne Marke für warmes Wasser in die Dusche gegangen. Das Wasser war wirklich eiskalt und die Säuberung deswegen auch kurz. Ich wollte auf keinen Fall eine halbe Stunde lang Schlange stehen und dann in eine Duschkabine steigen, in der schon alle Wohlgerüche, ein Gemenge von Körperschweiß und Duschgel, vereint sind.

Während alle anderen noch dabei waren, sich zu reinigen, saß ich dann mit dem obligatorischen Erbauungsgetränk in der Hand auf der Bank hinter dem Haus.

Der Blick ging hinunter in das Villnößtal. Es herrschte Ruhe. Links die Zacken der Geislerspitzen, Sass Rigais und Furchetta, vor mir leicht geschwungene Hügel, dazwischen das enge Tal Villnöß.

Das Villnößtal ist nicht von Touristenschwärmen übervölkert. Mit Inge war ich vor vielen Jahren eine Woche zum Wandern hier. Das Hotelangebot ist nicht sehr reichlich. Für Ruhe und Einsamkeit Suchende ist es ein lohnenswertes Ziel.

Da saß ich nun, freute mich nach diesem sehr strapaziösen Tag des Lebens, da tauchte Franz wieder auf. Er erzählte, wie es ihm so ergangen war. Er hat oben im Zelt auf der Rodenecker Alm geschlafen, irgendwo. Er sprach davon, dass er jemanden aus Augsburg getroffen hatte, der ebenfalls allein unterwegs war. Ich sagte ihm, dass ich auch aus der Gegend komme. Kurze Zeit später kam besagter junger Mann aus der Hütte.

»Ich habe gehört, du kommst aus Augsburg«, sprach ich ihn an.

»Nicht direkt!«

»Woher genau?«

»Aus Aichach!«

»Ich auch!«

Erstaunen auf beiden Seiten. Wir stellten uns vor.

»Ja, Moritz B., den Namen habe ich schon einmal gehört!«

»Ich kenne eine Kathrin Peschek, die war eine Klasse über mir im Gymnasium!«

»Ist meine Tochter!«

Man muss doch zufallsgläubig werden. Du sitzt fernab von Touristenströmen in den Bergen auf einer Hütte, zu der eigentlich nur Wanderspezialisten kommen und triffst jemanden aus Aichach. Aichach hat ca. 20 000 Einwohner. Ich kann es nicht hochrechnen, aber die Wahrscheinlichkeit, einen Volltreffer im Lotto zu haben, ist ähnlich hoch. Liebe Menschen, glaubt an den Zufall!

Die Schlüterhütte war so gut wie ausgebucht. Trockenraum für Stiefel und Kleider war keiner vorhanden. Es stand alles im Eingangsbereich. Etwa 70 Paar Bergstiefel, jede Menge Stöcke, Anoraks, einige Rucksäcke. Großes Gedränge von Menschen und Material.

Alles ein bisschen hektisch, Zimmerverteilung, Säuberung, Abendessen. Dazwischen ein ruhender Pol: Martin, der Hüttenwirt. Mit einem Lächeln und einem netten Wort verteilte er die Zimmer, sprach mit seinen Gästen und gleichzeitig mit der Küche und der Bedienung. Er kannte diesen Betrieb und hatte alles im Griff. Ich habe dabei an meine eigene Hektik gedacht, der ich in vielen Situationen ausgeliefert war. So einen Betrieb wie hier hätte ich nicht länger als eine Woche ausgehalten, dann hätte mich die grüne Minna abholen können.

Jürgen und ich haben die aufkommende Dämmerung noch genossen und sind erst später zum Abendessen gegangen. Alle Plätze belegt. Wir haben uns an einen Achter-Tisch als Nummer neun und zehn gequetscht. Es war nicht so problematisch, die Essen kamen nicht gleichzeitig. Dem, der gerade aß, wurde Platz gemacht.

Ich war sehr erstaunt, die dicke junge Frau hier wieder zu treffen. Ich hätte ihr nach ihrem Auftritt beim Aufstieg zur Rodenecker Alm absolut nicht zugetraut, die heutige Etappe zu schaffen. Respekt, die muss einen Willen haben!

Weiter am Tisch waren auch der Vater mit Tochter und Sohn. Diese Seilschaft begleitete uns mit Unterbrechungen seit der Tuxerhütte. Er machte einen drahtigen Eindruck. Tochter und Sohn redeten so gut wie gar nicht. Dies war nicht nur auf der Schlüterhütte so, auch bei den Begegnungen auf anderen Hütte war es ähnlich. Als Außen- oder Danebenstehender bekam ich den Eindruck, als würden die beiden jungen Menschen ihrem Vater einen Herzenswunsch erfüllen. Er war trotz seines Alters immer fröhlich und in sich aufgeräumt.

Mein Nachtschlaf war auch hier hervorragend. Die Anstrengungen ließen mich entspannt in einem Bett unter einem weißen Berg von Bettwäsche liegen. Vor dem Augenschließen lief noch einmal der Film des achteinhalb Stunden Wandertages ab.

Montag, 4. August 2008

ÜBERGANG INS GRÖDNERTAL

Zerrissene Nebelwolken zogen um die Hütte und ließen immer wieder den Blick frei auf die Geislerspitzen und Puez. Morgens um 7 Uhr war schon viel Betrieb. Der ›Unisex Waschraum‹ war belagert, die Morgentoilette für alle kurz und auf das Notwendigste beschränkt. Wir zwei waren wieder schnell beim Frühstück, das übliche kleine Frühstück, Kaffee, Pfefferminztee, Brot und Marmelade. Dieses Frühstück verlangte keine Aufmerksamkeit, deswegen konnte ich mich auf die Füße einer fränkischen Lehrerin konzentrieren. Es war nicht die Wohlgeformtheit, die mich faszinierte, es waren die vielen Pflaster, die auf diesen Füßen klebten. Die mussten voller Blasen sein und hatten noch einige Tage Wandern vor sich. Mitleid hatte ich. Nicht mal einer Lehrerin gönnte ich solche Schmerzen.

Wir befanden uns wieder auf einer Königsetappe. Der Nebel verschwand, die Sonne verschönte den Weg und die Aussicht. Mitten in Südtirol, ich fühlte mich gut ausgeruht, meine Stimmung war hervorragend. Über einen möglichen Abbruch unserer Wanderung haben wir nicht mehr gesprochen. Trotz der vorhergehenden anstrengenden Tage hat keiner von uns beiden ans Aufhören gedacht. Entweder hatte sich der Körper an die tägliche Anstrengung gewöhnt oder der Ausstoß der Glückshormone war so kräftig, dass wir den Körper mit seinen Meldungen nicht mehr wahrgenommen haben. Wir haben es nicht ausgesprochen, aber jeder wusste es, dass der andere es auch wollte: ›Wir gehen München – Venedig in einem Zug durch!‹

Die Hüttenübernachter hatten alle das gleiche Ziel, die Roascharte, der Übergang nach Gröden. In kleinen Gruppen zogen sie auf den schmalen Wiesenwegen über den Sobutsch in Richtung Puez. Wir mittendrin.

»Ist das die Alpe Medalges?«

»Jo, ober nimma so, wias beschriebn is«, war die Antwort.

Der Bauer beim Heumachen wusste genau, warum ich fragte. Vor einigen Jahren hatte ein Münchner Journalist auf dieser Alpe ein ganzes Jahr mit seinem Hund allein verbracht. Im Winter war er eingeschneit, keiner hatte geglaubt, dass er es schafft. Ich habe dieses Buch von ihm gelesen. Die Hütte ist inzwischen erneuert worden und jetzt Jausenstation für die Bergwanderer. Der Wanderweg führte früher oberhalb der Hütte, jetzt an der Hütte vorbei.

Der Aufstieg zur Roascharte war nicht mit den anderen Scharten zu vergleichen. Sind wir sonst über Schnee, Steine oder Schotterwege aufgestiegen, so war es jetzt feines Geröll. Der Schlussanstieg war nur eine schmale Trittspur. Die kleinen Steine ließen keinen festen Halt der Schuhe zu. Immer wieder rutschte ich ein Stückchen zurück. Mit meiner typischen vorgebeugten Haltung und den tiefen stoßartigen Atemzügen ging es langsam Schritt für Schritt nach oben.

Wieder waren die üblichen Gedanken im Kopf.

›Warum tust du das?‹

Dann wieder die selbstverfassten Motivationssprüche: Vor das Vergnügen hat der Herr die harte Arbeit gesetzt.

Und ein Vergnügen war es allemal, auf dem Kamm der Scharte angekommen zu sein. Ein scharfer Wind zog durch die Scharte, ganz schnell den feuchten Körper einpacken, eine etwas geschützte Stelle suchen, hinsetzen und schauen. Rückblickend Campilltal, Peitlerkofel, Wiesenhänge. Vorwärts schauend das graue Puezmassiv, der steile Abstieg hinab in Richtung Grödnertal, rechts die Zacken der Geislerspitzen. Ich empfinde solche Anblicke als großartig und hier hatte ich zum wiederholten Mal das ›Ja-Gefühl‹: Ja, das ist es, was ich will, das ist es, warum ich mich hier hinaufquäle.

Bei der Rast in der Roascharte haben Jürgen und ich die Entscheidung über den weiteren Verlauf des Tages getroffen. Die klassische Route geht durch die Forcella Nivea über die Puezhütte zum Grödner Joch. Die Alternative war der Abstieg nach Wolkenstein oder Sankt Christina und dort im Hotel übernachten und am nächsten Morgen mit dem Bus zum Grödner Joch, um dort wieder einzusteigen. Beide Varianten hatten wir uns am Abend vorher angeschaut und deswegen auch keine Übernachtung vorgebucht. Wir haben uns für die Sankt-Christina-Variante entschieden und sind zur Regensburgerhütte abgestiegen. Vorbei an den Geislerspitzen mit dem gerölligen Kar der Mittagsscharte. Durch diese Scharte bin ich vor Jahren mit Inge gestiegen, als wir im Villnößtal Urlaub machten. Ich konnte mich genau daran erinnern, dass wir anschließend über die Roascharte zurück zur Zanser Alm gewandert sind. Wenn ich das heute betrachte: eine Mordstour.

An der Regensburgerhütte haben wir erst einmal eine Stunde Rast gemacht. Der Weg von der Roascharte zur Hütte war lang und die Terrasse wundervoll sonnig. Der Kaiserschmarren war groß genug für uns zwei. Den Rücken an die Hauswand gelehnt, die Beine ausgestreckt, die Gesichter gen Sonne gerichtet. Gegenüber stand der Langkofel, einer der markanten Gesichter der Dolomiten. Er blickte auf mich herab. Ein mächtiger Herr, der mich schon bei früheren Urlauben im Grödnertal fasziniert hat.

Zwiegespräch mit dem Langkofel

Du grüßt mich einfach nicht
Du schaust auf mich herab
Du siehst mir ins Gesicht
Du beugst dich nicht herab

Ich werde dich niemals besteigen
Ich werde immer nur unten sein
Ich werde nur nach oben zeigen
Ich werde nur Verehrer sein

Du herrschst mit rissigem Talar
Ich werde wieder vor dir stehen
Du überdauerst Jahr um Jahr
Ich werde sicher vor dir gehen

Von der Seilbahnstation Col Raiser bis zur Dorfmitte war es noch ein langer ›Hatsch‹ (für Nicht-Bayern: ein mühevoller Marsch) an der Straße entlang. Ich wollte so schnell wie möglich zur Touristinformation. Jürgen, mit mieser Stimmung, hinter mir. Er konnte viel vertragen, nur nicht auf der Straße laufen, deswegen fragte er zwischendurch in Hotels und wurde fündig im Gasthof Marina. Er lag zwar direkt an der Durchgangsstraße, aber es gab zwei Einzelzimmer. Diesen Komfort wollten wir uns wieder einmal gönnen. Endlich sich mal wieder ausbreiten können, den gesamten Rucksack leeren, ein bisschen Ordnung in die Kleidung bringen.

Nach dem langen Duschen und der Körperpflege war wieder Waschtag. Die Leine quer durchs Zimmer gespannt, die Schuhe gesäubert und zum Lüften auf die Fensterbank gestellt, dann war ›Weizen-Time‹.

Vor dem Haus in die Sonne gesetzt, die vorbeifahrenden Autos haben mich nicht gestört. Mit der Tochter des Hauses geplaudert und dabei erfahren, wie die Kinder des Grödnertales dreisprachig aufwachsen. Neben Italienisch und Deutsch wird noch Ladinisch gesprochen. Diese alte Sprache stammt vom Rätoromanischen ab und hat sich hier im Tal gehalten, bedingt durch die Tatsache, dass das Grödnertal lange Zeit abgeschlossen war. Zum Eissacktal, wo seit Jahrhunderten der Handelsweg vorbei lief, gab es keine Verbindung. Die Besiedelung erfolgte über das Gadertal und das Grödner Joch. Dort wird das Ladinisch ebenfalls als Hauptsprache gesprochen. Die Schulkinder werden von der ersten Klasse an wochenweise in einer der drei Sprachen unterrichtet. Dies hätte sich als beste Methode herausgestellt, teilte die Tochter mit.

Die Wirtin saß dann auch noch eine Zeit lang mit mir in den Korbsesseln vor dem Haus. Als sie hörte, was wir am nächsten Tag machen wollten, erhob sie sofort Einspruch.

»Nein, nicht über das Grödner Joch zur Boé aufsteigen. Ich bin gestern mit einem Bekannten über das Val Lasties hinauf. Das ist der schönste Aufstieg.«

Als sie das sagte, fiel mir wieder mein erster Wanderurlaub in Südtirol ein. Es war vor 47 Jahren. Drei junge Burschen und ein Mädchen, Manfred, Siggi, Gerd und Gisela waren mit dem Rucksack eine Woche in Südtirol unterwegs. Die ganze Tour kann ich nicht mehr nachvollziehen, es gibt nur noch bruchstückhafte Erinnerungen, verständlicherweise.

Bruchstücke der Erinnerung

BRUCHSTÜCK I

Einen Abend haben wir in Meransen verbracht. Es gab irgendeine Verbindung der Stadt Schwäbisch Gmünd dorthin. Das Abendessen habe ich nie aus den Gedanken verloren, weil es ein Erlebnis der besonderen Art war. Wir haben auf einem Bauernhof übernachtet. An einem großen Tisch hatte sich die ganze Familie zum Abendessen versammelt. Jeder hatte einen Löffel und in der Mitte stand eine große Schale mit Suppe und Knödeln. Ich war gespannt, wie das ablaufen würde. Kaum war das »Amen« nach dem Gebet des Bauern gesprochen, schnappte sich jeder seinen Löffel und fing an, aus dem Gefäß zu essen. Der Knecht neben mir legte in so einem Tempo los, dass mir sofort der Gedanke kam: wenn ich nicht gleich anfange, bleibt nichts für mich übrig. Keiner von uns vier ist hungrig ins Nachtlager gegangen.

BRUCHSTÜCK 2

Auf den Schlern sind wir vom Eisacktal in einem Zug aufgestiegen. Das waren 2000 Höhenmeter. Ich weiß nur noch, dass wir im Schlernhaus übernachtet haben und ich körperlich fertig war. Ziegenmilch habe ich dort getrunken, weil irgendjemand behauptete, dies sei gut. Mit hoher Wahrscheinlichkeit habe ich damals meine geistige Milchallergie bekommen. Wir sind am nächsten Tag zum Sellajoch gewandert und am übernächsten Tag durch das Val Lasties zur Boéhütte aufgestiegen. Ich kann mich an einen heißen und durstigen Aufstieg erinnern. In der Nacht hatte es dann Mitte August einen Wettersturz gegeben. Die ganze Nacht Gewitter. Am nächsten Morgen war die Sella weiß verschneit. Nach der Hitze beim Aufstieg ein richtiger Schock. In meiner Schuhschachtel mit alten Bildern existiert noch ein kleines Schwarzweiß-Foto von uns und der sommerlichen Winterlandschaft. An der Piscaduhütte vorbei sind wir in das Mittagstal nach Kolfuschg abgestiegen. Der Schnee taute ab, der Regen tat zusätzlich sein Werk. Wir sind total durchnässt in einem Café in Kolfuschg angekommen und haben dort einige Stunden auf den Bus gewartet.

BRUCHSTÜCK 3

Im Ahrntal haben wir zwei oder drei Nächte bei einem Bauern im Heu geschlafen. Unter uns war der Ziegenstall. Der Bock schien nur zu warten, dass einer mal durch das Heu durchfiel. Geld war knapp, deswegen haben wir Pilze gesucht und sie im Hotel in Kasern verkauft. Die Bäuerin bestellte an einem Abend einen Zitherspieler, damit es uns jungen Menschen nicht langweilig wurde. Der verkaufte uns dann noch seine selbst geschnitzten Pfeifen. Meine habe ich bis heute im Regal liegen.

Als zweites Relikt dieser Wanderung existiert noch der Rucksack. Er hängt heute noch im Keller an der Wand. Zwischenzeitlich wurde er von Tochter Katharina als Schulranzen, Sportbeutel und Reisetasche benutzt, bis er dann wieder dauerhaft an die Wand zurückkam.

Diese Gedanken an die Vergangenheit begleiteten mich den ganzen Abend. Ich hätte nie geglaubt, dass ich wieder den gleichen Weg zur Boéhütte machen würde. Geplant war es nicht, denn wir haben die Tagesetappe ganz kurzfristig umdisponiert.

Dienstag, 5. August 2008

AUF DEN SELLASTOCK

Wir haben den Rat der Wirtin befolgt und sind mit dem Bus über das Sellajoch in Richtung Pordoi gefahren. Den Busfahrer haben wir mit Worten und drei Euro bestochen, uns unterwegs am Einstieg zum Val Lasties herauszulassen, was er dann auch ganz freundlich gemacht hat, als wir ihm auf der Karte die Stelle gezeigt haben.

Der Aufstieg entpuppte sich zuerst als ordentlicher Abstieg. Es ging über Steine und Wurzeln auf schmalem Steig circa 200 Meter bergab. Wenn wir das gewusst hätten, dann hätten wir auch bis zur nächsten Haltestelle sitzen bleiben können. Der Beginn des richtigen Aufstiegs war ungefähr auf derselben Höhe. Der Weg nach oben war von besonderem Reiz. Zuerst durch viel Grün, dann ein typischer Gebirgsbach, der sich laut plätschernd zwischen dem groben Gestein seinen Weg suchte. Einmal über Felsbrocken herabfallend, ein anderes Mal sprudelnd kleine Teiche bildend. Das Bild änderte sich beim weiteren Anstieg immer weiter weg vom idyllisch Lieblichen hin zu Geröll und weiter zu nüchternen Felsen. Das ist typisch für den Sellastock: oben kein Grün und nur Fels in allen Grau-Schattierungen.

Der Aufstieg von 1800 Meter auf 2800 Meter war hart,

aber mittlerweile habe ich das einfach so hingenommen. Die Gefühle, die Körperreaktionen waren bekannt. Der Wille war da, das Ziel Venedig ohne Unterbrechung zu erreichen.

Auf dem Plateau angelangt ein prächtiger Anblick, eine 360° Panoramaschau. Die gesamten Dolomiten, die Ötztaler, die Zillertaler Alpen. Ich fühlte mich wie im Zentrum, ich fühlte mich als Mittelpunkt. Um mich herum überall nackte Felsen und Geröll. Eine Tristheit, die schon wieder an Schönheit grenzte. Beeindruckend ist der Blick in das Val di Mesti hinab nach Kolfuschg. Bizarre Steinformationen, senkrechte Steilabfälle, die von einem mächtigen Geröllfeld abgeschlossen werden. Ich konnte mir nicht so recht vorstellen, dass hier im Winter eine Skiabfahrt möglich sein soll.

Ganz auf die Boéspitze sind wir nicht mehr gegangen. Es war uns einfach zu viel. Die Boéhütte liegt auf 2 850 Metern, die Spitze ist 3 100 Meter hoch. Die Lehrer, die wir hier wieder getroffen haben, sind alle hochgestiegen. Die waren auch noch frisch. Wir waren immer bedacht, unsere Kräfte einzuteilen und nicht zuviel zu machen.

Über 60 Jahre alt und schon 14 Tage unterwegs. Ich hatte sehr oft daran gedacht.

Auf der Boéhütte war mächtig viel Betrieb. Es waren die Tagesausflügler, die von der Pordoi-Seilbahn in einer dreiviertel Stunde herübergekommen sind. Es ist dann leicht, einen Dreitausender zu bezwingen. Sie belagerten die Theke mit der Selbstbedienung und die Sitzgelegenheiten vor der Hütte. Es war ganz einfach Massenabfertigung.

Wir bezogen unser Quartier, diesmal wieder ein vollbelegtes Sechsbett-Zimmer. Geduscht habe ich nicht, es war nur die kleine Wäsche angesagt. Auch die übliche Kleiderwäsche fiel aus, einmal wegen der schlechten Möglichkeiten und zum anderen war ja im Hotel in St. Christina alles wieder auf Vordermann gebracht worden.

Offiziell gab es auf der Hütte zwei Toiletten, tatsächlich war nur eine geöffnet. Ein italienisches Plumpsklo. Auf der Hütte haben etwa 60 Leute übernachtet. Mehr schreibe ich nicht zu diesem Thema.

»Um 16 Uhr kehrt Ruhe ein«, das war die Aussage des Hüttenwirts. Richtig, es war so, denn um 17 Uhr geht die letzte Seilbahn von der Pordoispitze hinab zum gleichnamigen Joch. Sofort änderte sich die ganze Atmosphäre in der Hütte. War den ganzen Tag nur Selbstbedienung möglich, so wurde jetzt an den Tischen bedient. Wir hatten den Eindruck, dass ab einer gewissen Uhrzeit die Hektik abgelegt wird und ein freundlicher Wind in der Hütte weht. Eine gute Einstellung und eine löbliche Geste den Wanderern gegenüber.

Am Nachmittag gab es noch etwas zu sehen. Ein gelber Helikopter landete auf dem dafür geschaffenen Platz und holte irgendwelche Leute ab. Der Start war beeindruckend, nicht, wie er in die Höhe ging, sondern der fast senkrechte Abgang in die dahinterliegende Schlucht. Das war spektakulär, denn ich dachte, nun fliegt er schön über das Felsmassiv weg, aber er stürzte sich, kaum dass er abgehoben hatte, direkt in die Tiefe.

Ein Weißbier kostete fünf Euro. Aus Überzeugung, nicht fünf Euro für ein Bier auszugeben, habe ich nur Mineralwasser bestellt. Jürgen wollte das nicht akzeptieren.

»Wir haben jeden Abend Weißbier getrunken, also auch heute, und wenn du zu geizig bist, dann lade ich dich ein. Bedienung, ändern Sie die Bestellung bitte von Mineralwasser auf Weizenbier!«

Eigentlich hat er auch recht gehabt, was soll das, wir haben uns aufwärts gequält und der Wirt muss alles mit dem Helikopter heraufschaffen. Unter diesem Aspekt hat mir die Gerstelsuppe (Graupen) für sieben Euro und die Pasta für acht Euro dann wieder geschmeckt.

Franz ist auch wieder aufgetaucht. Wir haben alle drei am Tisch gelümmelt und uns etwas unterhalten. Er berichtete, dass die dicke Frau mit ihrem Begleiter an der Puezhütte nicht mehr weiterwollte. Ich hätte dies schon früher erwartet. Franz wollte nur bis Belluno laufen, dann war sein Urlaub vorbei. Es war die letzte Begegnung mit ihm. Ein netter Kerl und wie wir bergverrückt.

Ganz besonders gut waren die fränkischen Lehrer am Abend zu hören. Sie hatten hier den Abschluss ihrer Wanderung und sangen die typischen Fahrtenlieder, die man nicht mehr so oft hört. Wieder kamen Erinnerungen hoch. An Schwäbisch Gmünd, als wir, die Jugendlichen von der Hardtsiedlung, am Wochenende immer auf der Schwäbischen Alb wanderten. Der Fußball und die Wanderlieder gehörten bei diesen Ausflügen immer dazu. So lag ich auf der Boéhütte im Schlafsack mit einer Decke zugedeckt und hörte zu. Es war ein guter Gesang und kein Gegröle. Eben Lehrer. Ab der zweiten Strophe ließ dann die Textfestigkeit nach. Ab und zu hätte ich aushelfen können.

Mittwoch, 6. August 2008

IN DIE SÜDLICHEN DOLOMITEN

Die Nacht verlief auch zu sechst friedlich. Ich habe tief geschlafen. Ob ich geschnarcht habe oder nicht, ich habe nichts gehört und am nächsten Morgen hat sich keiner beschwert. Jürgen hatte sich angewöhnt, Ohropax zu verwenden.

Bei vollbelegten Hütten empfiehlt es sich, zeitig aufzustehen. Es steht noch keine Schlange vor der Toilette und die Waschgelegenheiten sind noch frei. Viertel nach sechs bis halb sieben sind wir zwei raus aus den Betten. Ob das die anderen gestört hat oder nicht, war uns egal. So schnell wie möglich heraus aus der Sechser-Bettenbude. Bei Hüttenruhe um zehn Uhr reicht die Menge Schlaf aus. Die Hüttenruhe ist etwas Heiliges. Da es sich doch nur um Bretterbuden handelt, ist jeder Schritt, jedes Wort zu hören.

Ab 7 Uhr Frühstück, wir waren natürlich die Ersten. Das Frühstück auf der Hütte, ein labberiger Kaffee für mich, Pfefferminztee für Jürgen, dazu Brotscheiben, ein Stückchen Butter und Marmelade in Portionsdosen. Richtig kräftig für ausdauernde Wanderer.

Die erste Seilbahn von der Pordoi nach unten fuhr um neun Uhr. Wir waren um halb neun da und konnten in aller Ruhe einen traumhaften Ausblick genießen.

Vor uns die Schokoladenseite der Marmolada, die Königin der Dolomiten, mit ihrem Gletscher. In meinem Gedächtnis von früheren Ansichten hatte ich eine viel größere Schnee- und Eiskappe vor Augen. Diese markante Schneehaube war gar nicht so alles überdeckend, viel Fels war zwischen dem Gletscher zu sehen. Ein imposantes Massiv, das der Pordoispitze gegenüberstand. Unter uns war der Bindelweg zu sehen, unsere heutige Tagesstrecke. Links neben der Marmolada ragten einige Bergspitzen aus den tief in den Tälern hängenden Wolken heraus. Ich habe es mir eingeprägt.

Von links: Tofana – Sorapis – Antelao – Pelmo – Civetta.

Ein düsterer Anblick, die Sonne ging hinter den Bergen auf und beschien sie nicht direkt. Sie spitzten deshalb ganz schwarz aus der darunter hängenden weißen watteähnlichen Wolkendecke hervor. Auf der andern Seite waren im Dunst die Zacken der Ötztaler Alpen zu sehen. Es waren wundervolle Augenblicke für mich, vielleicht auch, weil wir zwei ganz allein auf dem Aussichtsplateau waren. Wir konnten die Stimmung ohne irgendwelche Ablenkungen wirken lassen.

Hinter uns sahen wir dann die anderen Wanderer wie kleine schwarze Ameisen in Gruppen von der Boéhütte kommen.

Der erste Wanderer, der an der Seilbahn ankam, erzählte, dass er an der Pordoischarte im Rifugio Forcella Pordoi übernachtet hat. Gutes Zimmer, keine Überfüllung, nette Wirtin und ein klasse Frühstück. Nur einen kurzen Moment habe ich an unsere Übernachtung und unser Frühstück gedacht, das aber gleich abgehakt.

Direkt an dieser Hütte ging der Wanderweg steil die Scharte hinab zum Pordoijoch. Diesen fast zweistündigen Abstieg haben wir unseren Knien erspart. Der kurze Aufstieg zur Pordoispitze zur Bergstation der Seilbahn war für uns die bessere Alternative.

In vier Minuten war der Abstieg vorbei, die Fahrt mit der Gondel hinab zum Pordoijoch, 700 Höhenmeter. Die Gondel schwebt frei zwischen Berg- und Talstation. Kein Zwischenpfosten. Atemberaubend, wie es an der Felswand hinunterging.

Eine Stunde hat es dann gedauert, bis wir wieder 300 Meter hoch vom Joch zum Bindelweg aufgestiegen sind.

Die nächsten zwei Stunden waren ein einziger Augenschmaus, eine Symbiose aus Grün, Grau, Weiß und Blau. Grüne Hänge, auf denen wir uns bewegten, und gegenüber, fast zum Greifen nah, das gletscherdurchsetzte Felsmassiv der Marmolada, darunter der blaue Fedaiasee. Tief unten im grünen Tal die Region Canazei.

Am Rifugio Viel del Pan haben wir ganz bewusst Rast gemacht, um noch einmal auf den Campolungo und das Sellamassiv zurückzublicken. Neben dem Grödner-, Sella- und Pordoijoch ist der Campolungo der vierte Pass der Sellarunde. Diese Umfahrung gilt als einer der Höhepunkte von Dolomiten-Rundfahrten. Blickrichtung Norden die Fanes mit dem markanten Kreuzkofel. Es ist wie ein Gemälde, mit dem Unterschied: es ist Realität. Mit den Wolken am Himmel und dem dadurch erzeugten Schattenspiel wird alles lebendig.

Der Bindelweg war ein Weg der Sinne, ein Genusswandern, da keine Steigungen zu bewältigen waren. Der Fedaiasee liegt wie eine blaue Perle unterhalb der Marmolada. Märchenhaft ausgedrückt ein Sammelbecken der Tränen der Königin. Weswegen sollte sie weinen, ob des Touristenrummels zu ihren Füßen oder ob ihrer immer weiter abschmelzenden weiße Krone?

Gleich kam mir die in den Medien, zumindest in den deutschen, allgegenwärtige Klimakatastrophe in den Sinn. Der schrumpfende Gletscher wäre der absolute Höhepunkt für einen wandernden ›Klima-Katastrophiker‹ gewesen.

Ich bin Realist. Die Erde, der Kosmos unterliegen ständiger Veränderung. Der Mensch ändert sich immer und entwickelt sich weiter. Alles auf dieser Erde ist auf Endlichkeit ausgerichtet. Vielleicht auch der ganze Kosmos. Wir Menschen glauben, wir müssen alles und immer bewahren. Der Mensch lebt und hinterlässt Spuren und Tatsachen. Der ganze Kosmos lebt und hinterlässt Spuren und Tatsachen. Der Mensch in Jahren seines Daseins, der Kosmos in Jahrmillionen seines Bestehens. Es gibt kein Bewahren, es gibt nur die Veränderung. Nichts ist beständiger als der Wandel.

Die Berge wurden irgendwann gebildet und seit dieser Zeit unterliegen sie einer ständigen Veränderung, der permanenten Abtragung, dies schon seit den Zeiten, als es überhaupt kein menschliches Leben auf der Erde gab. Der Wandel durch das Klima, die ständigen Veränderungen, die Erosion auf der ganzen Erde hängen nicht nur vom Menschen ab. Ob dies alles nun durch sein Dasein und seine Art, auf der Erde zu existieren, beschleunigt wird oder nicht, ist – bezogen auf die Zeiträume, die im Kosmos Gültigkeit haben – unerheblich.

Der Mensch kann sich zugrunde richten, er kann sich durch sein Wirken selbst auslöschen. Er kann seinen Lebensraum zerstören, aber nicht die Erde. Er kann sie verändern und sie so zurichten, dass menschliches Leben nicht mehr möglich ist.

Der Abstieg zum Fedaiasee war wirklich hart, steil und steinig. Wir standen direkt hoch oben über der Talsperre mit dem Parkplatz. Unter uns hatte alles Spielzeuggröße. In engen Serpentinen marschierten wir nach unten. Ein Festival für die Knie. An der Talsperre angekommen, haben wir den Bus in Richtung Alleghe um eine halbe Stunde verpasst. Vier Stunden Wartezeit bis zur nächsten Abfahrt! Wir haben uns erkundigt, was ein Taxi kostet. Die 80 Euro waren uns zuviel. Also warten.

Jürgen wollte sich damit aber nicht abfinden und tigerte auf dem gut gefüllten Parkplatz herum, um nach eventuellen Mitfahrgelegenheiten zu suchen. Er sprach einen Fahrer an, der in einem orangefarbenen Multivan mit Wolfsburger Nummer saß und Daten in seinen Laptop eintippte. Es war ein Testfahrer von VW, der in den Alpen unterwegs war, um Neuheiten im Abgassystem und im Motor auf Betriebstauglichkeit zu testen. Ja, er könne uns nach Alleghe fahren, wo das denn sei. Jürgen zeigte es ihm auf der Karte.

»Es ist egal, welche Strecke ich fahre, und die nach Alleghe kenne ich noch nicht!«

Wir haben unsere Rucksäcke hinten eingeladen, alles war voller Kabel und eingebauter Boxen. Der Fahrer war ein frisch verheirateter, netter Bursche, der schon auf der ganzen Welt Testfahrten gemacht hat. Nur in Thailand war er noch nicht. Deswegen wollte er mit seiner Frau dorthin in Urlaub fahren.

Dass es ein Testwagen war, merkten wir nicht nur an den Kabelsträngen, sondern auch durch das mehrmalige Herausspringen des Ganghebels. Die sehr kurvenreiche Abwärtsstrecke war doch eine Herausforderung für das Getriebe. In Alleghe angekommen, wollte er die versprochenen 30 Euro ablehnen. Mit dem Hinweis, heute Abend mit seinen Testkollegen, es waren noch weitere dort aktiv, eine Flasche Wein zu trinken, haben wir ihn überzeugt.

Durch diesen glücklichen Umstand und Jürgens Aktivität auf dem Parkplatz waren wir schon um 13 Uhr in Alleghe. Eine Tagesetappe mit viel Straße haben wir uns dadurch eingespart. Der Ruhetag war für morgen eingeplant und durch die frühzeitige Ankunft wurden es eineinhalb Tage.

Das Europa-Sporthotel, direkt am See gelegen, war die richtige Adresse zum Erholen. Vier-Sterne-Komfort. Jürgen hatte seine Sauna und bekam von einer Brasilianerin am nächsten Tag seine Entspannungsmassage. Jürgen ist nach einer halben Stunde in ein anderes Zimmer umgezogen, irgendeine Warmluftleitung machte den Aufenthalt unerträglich. Für 60 Euro die Nacht soll man sich wohlfühlen.

Ruhetage sind immer zuerst Waschtage. Zeit, Muße und Platz, sich wieder neu zu sortieren und im Einzelzimmer zu entspannen. Ich habe ein wunderschönes Zimmer mit Balkon und Blick auf den See bekommen.

Eine tolle Überraschung erlebte ich beim Wäschemachen, meine blaue Unterhose fehlte. An ihrer Stelle fand ich einen schwarzen Slip, einen Damenslip. Ich war konsterniert und konnte mich an nichts erinnern. Ich fühlte mich um ein wertvolles Stück geschädigt. Nicht des Stückes, sondern der Funktion wegen. Für den Slip konnte ich für mich keine Erklärung finden. Das konnte nur auf der Boéhütte am Morgen im Halbdunkeln beim Einpacken passiert sein. In unserer Bude hatten noch zwei Frauen mit ihren Partnern übernachtet. Die waren also versorgt, weswegen sollte sich denn dann eine mit einem schwarzen Slip andienen? Das Teil habe ich gleich im Abfalleimer entsorgt und mir überhaupt keine Gedanken gemacht, ob die Dame meine Funktionsunterhose gleichermaßen behandelt hat. Das Fehlen meiner Unterhose war für mich problematischer. Jetzt musste ich jeden Tag Wäsche machen.

Es war schon mein dritter Verlust auf unserer Wanderung. Zuerst auf dem Brauneck der Sonnenhut, den ich von Inge geliehen hatte, das war zu verschmerzen. Viel mehr habe ich mich über den Verlust des Amuletts geärgert, das ich seit über 30 Jahren täglich getragen habe. Ich konnte nicht mehr realisieren, wo ich es verloren haben könnte. Die Anfrage im Gasthof Stein, wo ich den Verlust vermutet hatte, wurde verneint.

Donnerstag, 7. August 2008

RUHETAG IN ALLEGHE

Alleghe war der richtige Ort, um zu ruhen. Ein buntes Dorf, malerisch am See gelegen, von grünen Bergen umrahmt. Darüber die mächtige Wand der Civetta. Ein richtiger Urlaubsort, der vor allem von vielen älteren Italienern besucht wird. In unserem Hotel lag der Altersdurchschnitt, dem Aussehen nach, über 70 Jahre. Die Gäste saßen auf der Seeterrasse, auf der Hausterrasse und unterhielten sich. Sie warteten zuerst auf das Mittagessen, später warteten sie auf das Abendessen. Danach gingen sie auf ihre Zimmer und schauten fern, die Lautstärke auf Maximum.

Die Lautstärke ist ein Markenzeichen von Alleghe, aber nicht der Verkehr oder das dörfliche Treiben war die Ursache, es war die Musik. Gegenüber von unserem Hotel auf der anderen Seeseite war die Musikquelle. Der gesamte See und der Ort wurden beschallt. Nicht regelmäßig oder zu bestimmten Uhrzeiten. Irgendwann, wenn es ›ihr‹ einfiel, gab es Musik. Es musste sich um eine außergewöhnliche Anlage handeln. Der See ist an dieser Stelle vielleicht 300 Meter breit. Der Empfang auf der hiesigen Seeseite war in bester Hörqualität.

Die Quelle, so haben wir im Hotel erfahren, ist ein steinreicher Dentist, der sich das anscheinend erlauben kann. Vielleicht finanziert er den Wahlkampf des Bürgermeisters. Das Haus des ›Musikproduzenten‹ ist gegenüber der Ortschaft direkt an den See gebaut, mit einem traumhaft schönen und gepflegten Garten. Statuen, Büsten und ein lebensgroßer Löwe aus Bronze waren von außen zu sehen. Ebenso stilecht und mit lässiger Überlegenheit lag ein Collie (tricolor) vor der Tür. Unsere neugierigen Blicke durch den Zaun haben ihn in keinen höheren Erregungszustand gebracht. Lässige Überlegenheit.

»Schaut nur rein, ihr armen Wanderer!«

Das Musikrepertoire des Dentisten war vielseitig, von Klassik bis Pop. Als ich so gegen 17 Uhr auf der Terrasse saß, einen Negroni Sbagliato (einen Mix aus Martini, Wermut und Prosecco) trank und meine Notizen machte, donnerte ABBA über den See. ›The winner takes it all‹, absolut passend. Der Sieger bestimmt und nimmt sich das Recht.

Ich habe in diesem Augenblick an Deutschland, an unseren Rechtsstaat gedacht. Minimum fünf Anzeigen wegen Ruhestörung hätte es gehagelt und drei Streifenwagen wären ausgerückt, um dem Gesetz nach Ruhe und Ordnung Geltung zu verschaffen. In Alleghe hat es niemanden gestört.

Einmal um den See zu laufen war die einzige Aktivität an unserem zweiten Ruhetag. Selbstverständlich mit Einkehren und Espresso trinken in einem Lokal mit Blick auf den See und auf Alleghe. Jürgen wie immer im Liegestuhl, den Körper der Sonne entgegenhaltend. So sinnierte jeder vor sich hin.

Die letzten Tage sind im Kopf noch einmal durchgelaufen. Ein bisschen Stolz auf das bisher Erreichte. Es war dadurch eine ganz bestimmte Leichtigkeit im Denken. Das schöne Wetter und die italienische Lebensart in der Luft, es passte alles zusammen.

Die Eleganz des Vier-Sterne Hotels hat mich nicht davon abgehalten, in Socken zum Frühstück und Abendmenü zu gehen. Die Jeans und das Hemd, beide für Hotelübernachtungen reserviert, sahen nach zwei Wochen im Rucksack auch entsprechend aus. Sauber ja, aber sehr faltig. Wie die deutlich edler gekleideten Italiener darüber dachten, war mir egal.

Das Abendessen war gut. Das sehr reichliche Salat- und Vorspeisenbuffet, der Fisch als Hauptgericht, der Wein haben uns in eine gute Stimmung versetzt. Als es dann auch noch Vanilleeis und Schokoladensoße gab, war nicht nur Jürgen glücklich. Drei Kugeln habe ich mir auftischen lassen.

Das zweimalige Übernachten im Einzelzimmer, der Komfort war bestes Relaxen. Es kam Urlaubsstimmung auf.

Freitag, 8. August 2008

HINAUF ZUR CIVETTA

Es ist der München – Venedig-Gedächtnistag. Alljährlich treffen sich die Wanderer dieser Tour an diesem Tag um 8 Uhr auf dem Marienplatz in München. Ludwig Graßler, nach dem diese Route benannt ist, ist auch immer dabei. Für viele ist es der Startschuss für die Wanderung. In der Vorbereitung haben wir auch schon mal an diesen Termin als Beginn gedacht. Doch die Vorstellung, dass dann viele unterwegs und die Hütten voll sind, hat uns davon abgehalten. Im Nachhinein betrachtet war unsere Entscheidung richtig, denn das Wetter war, mit Ausnahme der ersten zwei Tage, ein einziger Wandertraum. Die Menge der Wanderer und die Hüttenbelegungen waren erträglich, egal, ob wir nun am Tag vorher die Übernachtung bestellt hatten oder ob wir ohne Reservierung angekommen sind. Wir haben immer ein Bett bekommen. Wir brauchten nicht einmal in einem Matratzenlager oder auf einer Luftmatratze im Gastraum schlafen.

Kurz nach neun Uhr marschierten wir zum Lift, erst Kabine, dann Sessel hoch zum Col Baldei auf 1600 Meter Höhe. Der Ort Alleghe liegt ca. 900 Meter hoch. An den großen Bildtafeln an der Liftstation erkannten wir, dass die Wintersaison die Hauptzeit war. Hinter dem Col Baldai standen noch einige Lifte nur für den Winterbetrieb.

Es ging mühevoll nach oben. Mühevoll deshalb, weil sich der Körper nach dem Ruhetag wieder an die Anstrengung und an den Rucksack gewöhnen musste. Wir waren jetzt schon zwei Wochen unterwegs und der Kräfteverschleiß machte sich doch bemerkbar. Ein Ruhetag ist schön für die Seele, aber für den Körper bringt er nicht allzu viel.

Steine und Geröll waren die gewohnten Aufstiegsbegleiter. Abwechslung brachte der Lac Coldai, ein Bergsee direkt vor dem Beginn der Civetta. Hier hatten einige Bergwanderer gezeltet. Ein kaltes, aber auch idyllisches Plätzchen. Der weitere Weg zum Tagesziel der Tissihütte gestaltete sich mühevoll. Immer auf und ab durch eine Halde von großen Steinen. Jeder Schritt auf den groben Klötzen musste ausbalanciert werden. Es war kein wanderndes Schreiten. Zum Denken und Gedanken schweifen lassen war keine Gelegenheit. Jeder Schritt mit voller Konzentration. Links über uns die 1000 Meter abfallende Wand mit großen Schutthalden. Rechts wieder Steilabfall 800 Meter hinunter nach Alleghe und See. Ein absolut spektakulärer Ausblick, der uns noch einmal den Reiz des Ortes zeigte.

Zur Tissihütte mussten wir noch einmal kräftig bergauf. Dann sahen wir sie über uns wie einen Adlerhorst, an den Abhang hingesetzt. Gegenüber in circa 500 Metern Luftlinie die graue Mauer der Civetta. Der Hüttenname stammt von Attilio Tissi, dem Besteiger des Civettagipfels, und ein Mann, der sich um den örtlichen Alpinismus verdient gemacht hat.

Durch die Benutzung der Aufstiegshilfen trafen wir schon am frühen Nachmittag ein. Es war eine italienische Hütte mit wenig Komfort, in der wir eine Minikammer mit vier Stockbetten zugeteilt bekamen. Gott sei Dank konnten wir sie zu zweit bewohnen.

Essen und Bier wie erwartet sündhaft teuer. Die Krönung war der Coperto-Zuschlag beim Essen. In Italien ist dies im Ristorante üblich, wenn mit Gläsern und Stoffservietten eingedeckt ist. Hier wurde eine Papierunterlage auf den Tisch gelegt, das Besteck aus der Schublade geholt und zusammen mit einer billigen Serviette in eine Papiertasche gesteckt. Das hat dann bei jeder Mahlzeit 1,50 Euro extra gekostet. Das war bis jetzt die Krönung.

Das Wetter war an diesem Tag nicht berauschend. Am Nachmittag regnete es ganz leicht, der Wind war kräftig und es zogen immer mehr Nebelschwaden auf. Es gab kein Sonnenbad auf 2200 Metern Höhe.

Jürgen und ich saßen in der Stube nebeneinander und lasen in den Zeitungen, die wir aus Alleghe mitgenommen hatten. Sicher zwei Stunden lang, ohne etwas zu reden. Ich starrte lange durch die Scheibe auf das graue Gestein gegenüber. Heute hatte ich das erste Mal das Gefühl: Hoffentlich ist die Tour bald vorbei.

Lag es am Wetter?

Lag es an der Einfachheit des Daseins auf dieser Hütte?

Es ist einfach langweilig, in einer Hütte zu sitzen und nicht nach draußen gehen zu können, um dort Landschaft einzuatmen.

Als es gegen Abend noch einmal aufriss, bin ich hinauf

zum Kreuz hinter der Hütte gestiegen. Ich habe mir mit flauem Magen den Tiefenblick 1200 Meter senkrecht zum Alleghe-See angetan. Das Kribbeln im Bauch ist heute noch gegenwärtig, wenn ich daran denke. Ich bin kein Held, der mutig an Abgründen stehen kann. Das Nach-unten-Sehen habe ich auf dem Bauch liegend gemacht.

In der Hütte waren die Gäste das einzig Beobachtenswerte. Eine italienische Familie, die ihre Kinder zu beschäftigen versuchte und sie einigermaßen zur Ruhe mahnte, zwei Studentinnen, die sich in ihre Bücher vertieften. Der Vater, der mit Sohn und Tochter unterwegs war, erzählte, dass in Belluno Schluss sei. Auf die Etappe vom Fedaiasee nach Alleghe angesprochen, meinte er, es sei ein schöner Weg gewesen und gar nicht soviel Straße. Auf unserer Wanderkarte sah es anders aus.

Zum Schluss erreichten circa zehn Österreicher, durch ihre Aussprache identifizierbar, regennass die Hütte. Wir bangten schon um unsere Zweisamkeit in der Kammer, blieben aber von Mitschläfern verschont. Auch Mutter und Sohn, sie kamen aus dem Osten, übernachteten in der Tissihütte. Vor einer Woche waren sie uns auf der Rastner Alm das erste Mal begegnet. Sie machen jedes Jahr eine Tour zusammen. Es waren beide sehr stramme Marschierer, naja, der Kerl ist doch noch jung und sie sah auch nicht alt aus.

In der Nacht durften wir dann ein Gewitter erleben. Es hat anständig gescheppert. Schnee in Graupelform machte auf dem Blechdach Musik. Unser Fensterflügel schwang vom Wind bewegt hin und her. Jeder von uns beiden war zu faul aufzustehen, um ihn festzubinden. Ich lag in meinem roten Seiden-Schlafsack unter der braunen schweren Decke, wie sie auf den Hütten üblich sind und hatte ein geborgenes behagliches Gefühl. Irgendwann kam der Tiefschlaf, ohne aufzuwachen hielt er bis morgens 6 Uhr. Beim Blick aus dem Fenster war das Wiesengrün weiß meliert. Später hat die Morgensonne den Winterspuk schnell verschwinden lassen. Es hatte sich aber merklich abgekühlt.

Samstag, 9. August 2008

ZWISCHEN GERÖLL-, WALD- UND WIESENWEGEN

Jürgen hat für uns beide bezahlt. 107 Euro für zwei Übernachtungen, das einfache Marmelade-Frühstück, zweimal Pasta und zweimal Polenta mit Pilzen plus einige Wasser und zwei Weizen. Respekt.

Es war diesmal wieder eine lange Wegstrecke zu bewältigen. Wir wollten nicht in dem Rifugio Carstiato, der im Führer empfohlenen Hütte übernachten, sondern weiter zum Passo Duran gehen. Das war gut so, denn die Hütte war voll. Dies erfuhren wir am Abend von den beiden Studentinnen, die wir auf der Tissihütte getroffen hatten.

Von den Eindrücken her war es eine schöne Wanderung, immer mit verschiedenen Blicken hinunter in das Cordeval-Tal nach Agordo. Wir gingen entlang den Schutthalden der Civetta und deren Ausläufern dem Torre Venezia und dem Torre Triente entlang.

Auf einer Hochalm eine Herde Pferde, die von uns aber keine Notiz nahmen. Pferde scheinen ordentliche Tiere zu sein. Kein einziger Pferdeapfel auf dem Weg. Kühe sind da anders, sie scheißen immer auf den Wanderpfad. Es gibt so viel Platz in den Wiesen rechts und links, nein, mitten auf den Weg. Wenn es geht, auch noch verdeckt hinter einem Stein. Es ist weich unter dem Schuh, schon wieder ein Volltreffer. An diesem Tag nicht der einzige.

Es gibt einen Witz. Da fragt der Wanderer, der sich etwas verlaufen hat, den Senner: »Wie komme ich denn gefahrlos hinunter ins Tal?«

»Do gehst oafach de Kuafladen noach, wo de Rindviecher genga, do passiert dir a nix.«

Unser Weg war abwechslungsreich. Geröllaufen unter der 1500 Meter hohen Steilwand der Moizza, danach Wege durch Latschenkiefern. Es war an diesem Tag wieder einmal ein dauerndes Rauf und Runter und wollte nicht enden. Ich hatte es aufgegeben zu denken, gleich gehe es mit gemütlichem Wandern weiter.

An der Valezzo-Hütte brachen die Kletterer mit dem gesamten Geschirr auf, um in die Civetta und ihre Türme einzusteigen. Wir wunderten uns, dass es so viele waren. Klar, es war Samstag. Wir hatten so ein bisschen das Gefühl für die Wochentage verloren, es war uns auch egal. Auf der geschotterten Fahrstraße, die wir eine halbe Stunde gehen mussten, wurde uns der Samstag noch einmal richtig vor Augen gehalten. Viele Wanderer kamen von Agordo hoch und zahlreiche geländegängige Autos brachten Familien nach oben. Auf der italienischen Seite gibt es anscheinend nicht so viele Einschränkungen, was das Befahren der Berge anbelangt. In Südtirol sind sie sehr streng oder die Italiener gehen hier mit Verordnungen etwas entspannter um. Ich bin sicher, dass das Zweite stimmt.

Heute war nicht mein Tag, ich war nicht so gut drauf. Die trübe Stimmung von gestern setzte sich fort. Ich bin sehr langsam gegangen und kam einfach nicht in die Gänge. Es fühlte sich an, als ob der Akku leer wäre. Ich spürte wenig Kraft in mir und der vorantreibende Wille war auch nicht so stark. Bei Jürgen lief es an diesem Tag, als hätte er einen neuen Motor bekommen. Er musste immer auf mich warten.

Nach über sechs Stunden reiner Laufzeit erreichten wir den Passo Duran. Wir hatten nichts vorbestellt und waren gespannt, was für ein Quartier wir bekommen würden.

»Ah, für liebe Mensche abe isch immer eine Simmer!«

Das war eine wunderbare Ansage des Wirtes.

»Mite swei Bette und scheene Dusche for euch!«

Ich erklärte ihn sofort zu meinem Freund. Dass es dann doch nur Stockbetten waren, habe ich ihm verziehen. Wieder richtig Duschen nach der Minimalwäsche auf der Tissihütte. Ich ließ Jürgen den Vorrang bei der Reinigung. Das war meistens so, denn ich freute mich nach der Wanderung immer auf die ›Sturzhalbe‹.

Strumpfsockig bin ich in den Gastraum gegangen, habe meine paar Worte Italienisch zusammengekratzt und ein Weizen bestellt. Das Weizen war wunderbar eiskalt und von Hacker Pschorr, wie zu Hause. Bei der Nachfolgebestellung sagte das hübsche dunkelhaarige weibliche Wesen hinter dem Tresen, dass ich ruhig Deutsch mit ihr sprechen könne.

»Ich komme aus Köln!«

»Ich komme auch aus Köln!«, rief eine junge Frau von der anderen Seite.

»Meine Tochter wohnt in Köln«, sagte ich.

›Dann können wir ja Karneval feiern‹, dachte ich mir.

Die Bedienung ist immer mit ihren Eltern seit früher Kindheit zum Skifahren in diese Gegend gekommen. Es hat ihr gut gefallen. Jetzt arbeitet sie im Sommer im Rifugio Sebastiano und im Winter in einer Skihütte, dazwischen ist sie in Köln.

Abends gab es etwas Romantik. Mein neuer ›Freund‹ machte im Kamin ein Holzfeuer an. Die zwei Studentinnen von der Tissihütte waren auch da und setzten sich zu uns an den Tisch direkt am Feuer. Jürgen war glücklich. Nicht wegen der Studentinnen, sondern wegen des Feuers. Er legte sich auch gleich nach dem Essen auf die Holzbank und träumte in das Feuer hinein. Der kleine Italiener-Junge vom Nebentisch war ebenfalls glücklich, weil er im Feuer herumstochern konnte. Die Studentinnen setzten sich auch auf die Ofenbank und vertieften sich wieder in ihre Bücher. Ich genehmigte mir ein weiteres Weizen. Die Zufriedenheit schwebte für jeden durch den Gastraum.

An diesem Abend haben wir uns noch über den weiteren Verlauf der Tour Gedanken gemacht. Die Klettersteige der Schiara wollten wir auf alle Fälle umgehen. Sollten wir dann mit der Zwischenübernachtung auf der Pamperet in Richtung Belluno gehen?

Jürgen studierte intensiv die Karte, mehr als sonst, und fand einen Weg, auf dem wir direkt vom Passo Duran zur Bushaltestelle Richtung Belluno wandern konnten. Es waren durchgezogene und gestrichelte Linien, keine Punkte auf der italienischen Karte. Das sah gut aus und wir würden uns einen 500 Meter-Anstieg und einen Wandertag sparen können.

»Das ist unser Weg«, waren wir uns einig.

Sonntag, 10. August 2008

DIE HÖLLENTOUR

Die Nachtruhe war prächtig und unfallfrei. Ich habe oben im Stockbett geschlafen und bin beim nächtlichen Toilettengang nicht abgestürzt. Am nächsten Morgen beim Frühstück erzählten wir meinem neuen ›Freund‹ von unserem Plan, durch das Val Clusa nach La Muda abzusteigen.

»Aufpasse, isse sehr steil«, war sein Kommentar.

Wir konnten den Wert seiner Aussage nicht einschätzen und glaubten ihm nicht so recht, denn auf der Karte war es als normaler Wanderweg eingezeichnet. Steile Abstiege hatten wir schon einige gemacht. Mein Gedanke: ›Mein kleiner italienischer Freund macht sich wichtig!‹

Nach dem Bezahlen sagte er noch einmal: »Val Clusa, attenzione, ganse steil, du gut aufpasse!«

Na gut, wir haben schon einiges hinter uns. Wird schon gehen.

Abmarsch um halb acht, der Bus ging in La Muda um 14.35 Uhr. Sieben Stunden, das schaffen wir locker. Die ersten zwei Stunden ging es wie üblich über Stock und Stein, bergauf, bergab. Waldstücke wechselten sich mit Wiesen und

Steinpassagen ab. An der Malga Moleschin noch einmal Wasser gefasst.

Das Hinweisschild Weg Nr. 546 wurde gefunden mit dem Hinweis nach La Muda. Tutti paletti. An der Abzweigung links ins Tal hinab war ein etwas unleserlicher Zettel in einer Plastikhülle an einem Holzpfahl befestigt. Wir konnten den italienischen Text nicht verstehen und gingen ungerührt weiter. Es sollte die härteste und gefährlichste Etappe werden.

Abstieg auf einem schmalen Band entlang einer Felsenmauer. Der Weg war feines gelbes Geröll und bot nicht den sicheren Stand. Mit der rechten Hand den Stockeinsatz und mit der Linken am Felsen sichern. An einigen Stellen war der Weg nur 20 Zentimeter breit. Wir mussten uns mit beiden Händen am Felsen festhalten und mit kleinen seitwärtigen Schritten gehen. Dem feinen bröseligen gelben Sand unter meinen Füßen misstraute ich permanent. Es waren nicht unbedingt lange Passagen, aber einige hintereinander. Vollste Konzentration war gefordert bei gleichzeitigem inneren Bammel. Tief unter uns rauschte der Bach. Da mussten wir runter. Durch die Steilheit haben wir recht schnell an Höhe verloren und erreichten unfallfrei das Bachbett.

Wir haben uns in der ersten tiefen Erleichterung dann leichtes Wandern entlang des Wassers bis zur Straße nach Belluno vorgestellt. Über zwei Stunden sind wir durch Mischwald über trockene Laubböden gegangen. Ab und zu mal den Weg wieder suchend. Der Weg war bequem, aber er nahm kein Ende. Seit Stunden war uns kein Mensch begegnet. Wir waren in der absoluten Einsamkeit.

Nach nochmaligem Überqueren des Baches dann die Überraschung. Es ging wieder steil bergan. Immer mehr entfernten wir uns vom Bachbett, von der Höhe her gesehen. Wieder befanden wir uns in einer Steilwand mit dem Unterschied, nicht hinunter, sondern hinauf. Die Zeit lief uns davon. Es war Sonntag, der Busverkehr war eingeschränkt. Wenn wir den Bus um halb drei nicht erreichten, müssten wir bis 18 Uhr an der Straße warten.

Die Stimmung begann zu sinken und war plötzlich ganz im Keller. Vor uns an der Steilwand war der schmale Weg abgerissen, wir schauten in ein Loch. Selbst für einen großen Schritt zu breit. In die Tiefe habe ich nicht geschaut.

Ein Zurück gab es nicht. Wir waren schon fast sechs Stunden unterwegs. Es blieb nur die Flucht nach vorn. Ein ganz flaues Gefühl im Magen. Wir, zwei ältere Herren, wollten kein Risiko eingehen, das hatten wir vor Beginn der Wanderung gesagt. Jetzt dies. Springen war die einzige Möglichkeit.

Springen mit schwerem Rucksack auf einem schmalen Weg?

Wenn ich mit dem Rucksack am Fels hängen bleibe?

Wenn ich nicht richtig aufkomme?

Links war nur Tiefe.

Einmal, zweimal Maß genommen, Mut gesammelt, dann bin ich gesprungen und sicher gelandet. Jürgen hat auch nicht lange gewartet. Geschafft. Wir sind oben geblieben, aber was mit lautlosem Gepolter nach unten gefallen war, das waren die Steine von unseren Herzen.

Eine weitere Höchstschwierigkeit mussten wir noch überwinden, es blieb uns an diesem Tag nichts erspart: In einer Kehre im Fels war eine mit Drahtseil gesicherte Passage. Das wäre nicht schlimm gewesen, wenn der Weg darunter in ordentlichem Zustand gewesen wäre. Er war eigentlich nicht vorhanden. Eine Schräge, verwittert und abgebröselt, so dass nur drei Stellen für den Beineinsatz übrig waren. Wichtig war das Festklammern an dem Seil, das Gott sei Dank gut verankert war. Jürgen war als Erster drüben. Es wurde uns noch einmal die höchste Konzentration abverlangt nach einer langen und wirklich anstrengenden Wanderung.

Was würde noch auf uns zukommen? Der Weg ging weiter nach oben. Ein mit Gräsern zugewachsener Pfad, oft nur eine Pfadspur und anschließend ein nicht enden wollender steiler Serpentinen-Abstieg. Ich schaute immer wieder auf die Uhr und nach unten. Die Zeit lief uns davon und das Tal war noch tief unter uns.

Einmal glaubten wir: »Das schaffen wir noch bis halb drei«, eine Viertelstunde später: »Das packen wir nimmer!« Der Weg wurde immer steiniger und schwieriger zu gehen. Das schnelle Gehen barg immer das Risiko, zu stürzen oder umzuknicken. Wir waren ohne körperliche Probleme bis hierher gekommen. Sollten wir den Bus sausen lassen und langsamer gehen?

Wir haben es riskiert, sind so schnell, wie es der Weg hergegeben hat, gegangen und waren kurz vor halb drei Uhr in La Muda an der Haltestelle. Um 14.40 Uhr kam der Bus nach Belluno.

La Muda besteht aus acht Häusern an der Straße, die Hälfte in erbärmlichem Zustand. An zwei Häusern waren Schilder angebracht: »Zu verkaufen«, dem Zustand der Schilder nach zu urteilen schon seit einigen Jahren. Es wäre für unser persönliches Wohlgefühl nicht gut gewesen, an dieser Stelle drei Stunden auf den nächsten Bus zu warten. Ganz besonders nicht nach diesem Tag, nach diesen Erlebnissen.

Bei der Auswahl dieser Etappe aus dem italienischen Kartenmaterial hatten wir uns etwas anderes vorgestellt. Mir kamen die Worte meines italienischen ›Freundes‹ in Erinnerung: »Val Clusa, attenzione, ganse steil, du gut aufpasse!«

Wir sind an diesem Tag nur 400 Meter aufgestiegen, aber der Abstieg von 1500 Höhenmetern mit allen seinen besonderen Schwierigkeitsmomenten und der Dauer von sieben Stunden hat uns nicht nur körperlich gefordert. Die Seele hat noch lange nachgeblutet.

Doch konnte ich feststellen, dass ich meine kleine Krise der letzten zwei Tage überstanden hatte. Ich fühlte mich gut und sehr erleichtert, als wir dann glücklich im Bus saßen. Wir ahnten allerdings noch nicht, dass uns Belluno auch noch eine Überraschung bereiten sollte.

Am Bahnhof angekommen, waren wir planlos, eigentlich das erste Mal. Wir hatten nichts gebucht. Der Bahnhofsplatz war groß und es waren wenige Menschen zu sehen. Es war Sonntagnachmittag, es war warm, da haben die Italiener Besseres vor, als am Bahnhof zu sitzen. Der Taxistand war nicht besetzt. Sollen wir hier in Belluno übernachten oder sollen wir mit dem Bus in Richtung Nevegal fahren, dem letzten Höhenzug auf unserer Wanderung? Wir waren sehr unschlüssig. Der nächste Bus zum Nevegal fuhr um sieben Uhr. Es war halb vier.

Also gingen wir ins Zentrum, um zu überlegen. Im Café am großen Platz hat Jürgen bei dem Chef ein Hotel in Nevegal gebucht. Wir wollten gleich mit dem Taxi dorthin fahren. Das ging aber nicht, weil auf der kurvenreichen Straße ein Autorennen stattfand. Zwischen fünf und halb sechs sei die Straße wieder frei. Der Chef versprach, uns dann ein Taxi zu rufen. Wir haben mit allergrößter Zufriedenheit bei ihm gesessen. Kaffee, zwei Liter Wasser getrunken, Kuchen und Eis gegessen. Die Stimmung war heiter, entspannt. Es ist alles gut gegangen und wir waren dem Ziel Venedig ein bedeutendes Stück näher gekommen.

Immer mehr Menschen kamen nach und nach auf den Platz, um den vorabendlichen ›giretto‹ zu drehen. Da stand ganz unerwartet das Ehepaar aus Ludwigsburg vor uns, die wir auf der Lizumerhütte getroffen hatten. Die beiden hatten in Belluno ›Bed and Breakfest‹ gebucht und ließen den Tag ausklingen. Sie sind die ganze Strecke bis hier streng nach der Graßler-Route gegangen. Es sind ganz einfach gesagt Schwaben.

»Wenn ebbes g'macht wird, no wird's au recht g'macht!«

Bei dem Gespräch über den weiteren Weg nach Venedig erzählten sie, dass zwei Männer unterwegs seien, die sich alte Fahrräder kaufen und damit die letzten Straßenetappen machen wollen.

»Das sind wir, ihr habt unterwegs sicher den Franz kennen gelernt!«

»Das stimmt, ja, Franz hieß er, ein jüngerer Mann, dunkelhaarig!«

Mit Franz hatten wir bei der Übernachtung auf der Boéhütte über einen stilvollen Eingang nach Venedig gesprochen. Das Laufen auf den italienischen Landstraßen ist sicher nicht die Erfüllung nach Wochen von harten, aber wundervollen Wegen. Deshalb hatten wir die Variante mit den Rädern ins Auge gefasst.

Die ostdeutsche Mutter mit ihrem Sohn hatten wir auf der Piazza gesichtet. Sie sahen uns nicht, machten aber den Eindruck des zielgerechten Gehens zu einer Unterkunft. Die zwei waren auf Venedig gepolt. Es waren die letzten Begegnungen mit den gelegentlichen Mitwanderern. Der Vater mit Sohn und Tochter gingen nicht bis Venedig. Belluno war Endstation, weil die Tochter am Montag zur Arbeit musste. Franz hatte sowieso vor, nur bis hierher zu gehen. Die Ludwigsburger hatten, wie nicht anders zu erwarten, den Markusplatz als Ziel.

Nach fünf sagten wir dem Chef, er solle das Taxi rufen. Es tat sich aber nichts, kein Taxi kam. Wir schauten immer über den zentralen Platz, viele Autos kamen, aber kein Taxi. Dann kam ›chefe‹ mit einem Zettel und einer Nummer und machte uns klar, dass er kein Taxi erreicht hatte. Dann solle er halt ein anderes Unternehmen anrufen, meinte ich. Es gab aber nur die eine Nummer in Belluno und dort melde sich niemand. Wir sollten wieder zum Bahnhof gehen, an dem Taxistand dort kämen immer welche vorbei. Wir zuckelten mit unseren Rucksäcken ab.

Bahnhofsvorplatz halb sechs, kein Taxi. Gewartet, kein Taxi kam. Ich habe zwei blau uniformierte Polizisten angesprochen. Sie haben sich bemüht, uns zu helfen und sind nach einem viertelstündigem Studium in der Bahnhofshalle gekommen und haben gesagt, um 7 Uhr fahre ein Bus zum Nevegal. Das wussten wir schon längst. Ich habe x-Mal die Taxi-Nummer angerufen und mich zuerst gewundert, dass es dann immer in dem kleinen Kasten klingelte, auf dem Taxi stand. Irgendwann habe ich es aufgegeben.

Belluno, eine Stadt mit 35 000 Einwohnern, und kein Taxi! Wir beide waren so sauer und die Entspannung wurde von einer ansteigenden Spannung verdrängt. Ich hatte im Geist ob der Touristenunfreundlichkeit schon den Brief an den Bürgermeister geschrieben. Sind hier die Taxifahrer so reich, dass sie es nicht nötig haben, am Sonntagnachmittag zu fahren, beziehungsweise sich am Telefon zu melden? Das Hotel war gebucht, aber wir kamen nicht hin!

Verschwitzt und abgekämpft hockten wir auf der Bank, stierten auf den Platz und warteten. Der Blutdruck stieg an und ich schimpfte immer lauter auf die italienische Unzuverlässigkeit. Kurz vor halb sieben kam ein Mercedes Kombi aus dem vorigen Jahrhundert zum Taxistand. Wenn noch irgendjemand auf ein Taxi gewartet hätte, er hätte keine Chance gehabt. Ich wäre explodiert. Wir haben nicht gefragt, ob das Taxi frei war, es kam auf den Taxistand zugefahren und – kaum angehalten – saßen wir schon drin.

Das Hotel Olivieri kannte der Fahrer. Die Frage nach dem Preis beantwortete er so: »In normale 30 Euro, ma festivo 35 Euro!«

Erst den ganzen Nachmittag herumliegen und schlafen und dann noch fünf Euro Aufpreis verlangen! Das ist Italien.

Die Fahrt dauerte sehr lang, nicht weil die Strecke so lang war und es einige Probleme mit dem Abmarsch der Rennteilnehmer gab. Es lag an dem Mercedes. Der Kombi, dem Motorgeräusch nach ein Diesel, war geschätztes Baujahr 1990 und wahrscheinlich nur mit 60 PS bestückt. Der Fahrer schaltete permanent, um den Motor bei Laune und das Fahrzeug in Bewegung zu halten. Zwei Fahrgäste, zwei gut bepackte Rucksäcke und die Sorge: gleich müssen wir schieben. Der Fahrer hatte nicht das gleiche Gefühl. Mit stoischer Ruhe rührte er in den Gängen herum und tuckerte gelassen nach oben. Mancher Bergläufer des LC Aichach hätte ihn überholt. Doch besser schlecht gefahren als den Berg auf der Straße hochlatschen müssen.

Hotel Olivieri, der Taxifahrer hat es tatsächlich gleich gefunden. Vier Sterne mit abgeblättertem Charme. Man sprach deutsch. Während Jürgen sein Erstrecht auf die Dusche genoss, wollte ich ein Weizen genießen.

»Haben wir nicht!«

»Was haben Sie denn?«

»Birra nazionale, Heineken, Union Pils.«

Alles nur in der 0,33 Liter Blechdose. Dem Bediener musste ich gleich drei Euro bezahlen. Bei der zweiten Dose wollte die Besitzerin gleich drei Euro dreißig haben. Mengenrabatt in die umgekehrte Richtung. Auf meinen Einwand hin korrigierte sie auf drei Euro.

Unsere Tour ging dem Ende zu. Die Knöchel und Knie schmerzten zwar nicht, aber die Belastung der letzten Tage war zu spüren. Das Geröll und die steinigen Abstiege hatten Spuren hinterlassen.

Hochzufrieden war ich mit den Schuhen und Füßen. Keine Blasen, keine Druckstellen. Das tägliche Eincremen mit Hirschtalgfett war die Garantie. Jürgen, der das vorher nicht kannte, ist seit Bad Tölz davon überzeugt.

Das Abendessen im Hotel war recht ordentlich vom Geschmack und sehr reichlich das Vorspeisenbüfett, zwei Pastagänge, Braten und üppige Nachspeisen. An diesem Abend habe ich ordentlich zugelangt.

»Du hast dir das verdient«, sagte meine innere Stimme.

Montag, 11. August 2008

DER LETZTE BERG

Das Frühstück war à la tristesse. Kein Service, warme und kalte Getränke aus dem Automaten. Es war alles vorhanden, außer vernünftigem Brot. Ein Frühstücksbüfett, unübertroffen an Lieblosigkeit und Sterilität. Der Hunger treibt es hinein. Es war dann auch das letzte Mal in dieser Einfachheit.

Der Nevegal heißt übersetzt Schneeberg und auch hier wie in Alleghe ist der Winter die Hauptsaison. Ich schätze maximal drei Monate, länger liegt hier sicher kein Schnee. Wir konnten uns das vorstellen, wie wenig bewaldet und sonnenbeschienen er war. Die Hotelsiedlung ist nur zu diesem Zweck entstanden. Die Schneesaison ist kurz, wahrscheinlich auch teuer. Die Hotellerie und die Gastronomie müssen in drei Monaten ihr Geld verdient haben. Für die Menschen aus dem Veneto ist es nur ein Katzensprung, vom Strand in einer Stunde zum Skihang.

In der schneefreien Zeit versucht man mit allen Möglichkeiten, zu Gästen zu kommen. Zwei Fußballplätze gehörten zu unserem Hotel. Die zahlreichen Bilder in der Bar zeigten, dass viele Mannschaften hier ihr Trainingslager durchführen. Der Wirt sagte uns mit etwas Stolz, dass das Team von Arminia Bielefeld hier gewesen war. Allerdings nur die Nachwuchsmannschaft, wie er dann einräumte.

An der Seilbahn, die wirklich nur zehn Minuten vom Haus entfernt war, waren wir wie immer die Ersten, die nach oben fuhren. Eineinhalb Stunden leichte Steigung gehen, dann hatten wir den Col Visentin erreicht, die höchste Stelle auf dem Nevegal. Es ist der harte Zusammenprall von Natur und Technik. Die Höhe ist gespickt mit Funkmasten, Wartungshäuschen und Zäunen. Private, staatliche und militärische Nutzung. Ohne Funkverkehr geht heute nichts mehr, also sind solche Stilbrüche in der Landschaft vonnöten. Das ist nicht nur in Italien so.

Die letzte Höhe, der letzte Berg. Rückblickend lag Belluno unten im Tal der Piave leicht verschleiert vor den Dolomiten. Vorwärts schauend auf der anderen Seite lag 1500 Meter unter uns das Städtchen Vittorio Veneto und im Dunst dahinter Venedig. Ich schaute ganz intensiv und sah weit hinten zwei glänzende, helle Stellen. Jürgen war sicher: »Das ist das Meer und da ist Venedig!« Handy aus der Tasche gezogen und gleich seiner Geli begeistert mitgeteilt: »Ich sehe Venedig!«

Es stimmt. Wenn es klar ist, sieht man bis Venedig. Die Höhe des Nevegal ist eine Besonderheit, richtet man sich nach Westen, sieht man mit dem rechten Auge die Dolomiten und mit dem linken Venedig.

Ich war nicht so euphorisch wie Jürgen, sondern in mich gekehrt. Der Abschied von den Dolomiten, von den Bergen, die uns so schöne Bilder gezeigt haben, die so unterschiedlich waren und die uns immer wieder neue Einblicke und phantastische Aussichten geschenkt hatten, fiel mir schwer.

Servus, ihr Anstiege, die ihr mich so viel Kraft gekostet habt!

Servus, ihr Abstiege, die ihr meine Knöchel und Knie malträtiert habt!

Servus, ihr glücklichen Momente auf den Satteln, Scharten und Jochs.

Von nun an ging es bergab und nur noch bergab. 1500 Meter unter uns lag Vittorio Veneto, der Lago Morto und die Autobahn, alles in Miniaturausführung, so klein. Die Autos waren nur mit dem Fernglas zu erkennen.

Seit Belluno gab es keine Wegzeichen mehr und die Beschreibungen in den Begleitbüchern waren undeutlich. Deshalb entschieden wir uns, als sichere Variante die Straße nach unten zu benutzten. Eine Schotterstraße, die für Lastwagen für den Bau und die Versorgung der Funkstationen angelegt wurde. Das heißt, sie war nicht so steil, dafür aber lang, elend lang.

Dieser Tag war sehr warm mit hoher Luftfeuchtigkeit. So etwas waren wir aus den Bergen nicht gewöhnt. Wir marschierten und marschierten auf der staubigen Schotterstraße und verloren kaum an Höhe. Keiner sprach ein Wort. Die Stiefel stampften ihr Stakkato, der Schotter knirschte. Wieder eine Kehre, noch eine Kehre, wieder eine lange Gerade, wieder gleichbleibende Höhe. Es nahm kein Ende. Außer dem Knirschen des Straßenbelages war nichts zu hören. Alle halbe Stunde sprach einer von uns vielleicht einen Satz. Nach zwei Stunden endete die Schotterstraße und führte uns als Asphaltstraße weiter. Manchmal etwas steiler, manchmal fast eben. Vittorio Veneto kam nicht näher und lag immer noch fast so tief unter uns.

Ein Hoffnungsschimmer, wir passierten erste Wohnhäuser, die verstreut in den Hang hineingebaut waren. Die Sonne schüttete ihre ganze Mittagskraft über uns aus. Auf der Teerstraße waren wir ihr schutzlos ausgeliefert. Kein Lustwandeln unter schattigen Bäumen, nein, es war tierisches, monotones Ablaufen. Wir mussten nach unten. Nach einer weiteren Stunde war die Laune äußerst frustig. Die Blicke hinunter auf Vittorio Veneto deuteten weitere Stunden Fußarbeit an.

Es war das zweite Auto, das an uns vorbei fuhr, da machte Jürgen den langen Arm. Anhalten. Der Toyota-Geländewagen stoppte. Die Fahrerin hatte sofort ein Einsehen, vielleicht haben wir so erbärmlich ausgesehen.

»Ihr könnt ruhig deutsch sprechen!«

In dieser dünn besiedelten Einöde trafen wir jemanden, der in Kirchheim/Teck geboren war, perfekt deutsch sprach und die Freundlichkeit hatte, uns nach Vittorio Veneto zu fahren. Ein Glücksfall und ein Segen. Auf dem Beifahrersitz saß die Mutter, lachte uns fröhlich an und sagte: »Und ich bin eine Bozenerin.«

Der Kindersitz wurde ausgebaut und die sonstigen Utensilien nach hinten auf die Ladefläche gelegt, wo auch unsere Rucksäcke Platz fanden. Wir erfuhren, dass die ganze Strecke 25 Kilometer beträgt. Davon hatten wir sicher schon 18 Kilometer abgelaufen. Mit ihrer Geländekarosse fuhr die

Frau einen feinen zügigen Stil auf der kurvenreichen Strecke. Mir als Viel-Autofahrer hat es imponiert. Es ging jetzt steil und mit vielen Kehren hinab. Dieser deutsch sprechende italienische Engel hat uns mitten auf die Piazza gefahren. Der Dank unsererseits floss überreichlich. Wir waren absolut erleichtert.

Die Touristeninformation hatte Montagnachmittag geschlossen. Nach einigem Suchen und Fragen haben wir ein Hotel direkt am Bahnhof gefunden. Gebucht, geduscht, frische Klamotten und ab ins Städtchen. Frische Kleidung, wie frische Kleidung eben nach drei Wochen im Rucksack aussieht. Eis essen und Negroni trinken, Zeitung lesen und die Beine baumeln lassen.

Im Hotel wollten wir nicht zu Abend essen, es war einfach zu teuer. Die ganze Zeit hatten wir noch keine Pizza gegessen und von den vielen Pasti auf den Hütten hatten wir auch die Nase voll. Die wahrscheinlich einzige Pizzeria wurde gefunden, es war zum Essen zu früh. Vor sieben Uhr gab es nichts, also haben wir Bier getrunken. Die rauchende Frau am Nebentisch entpuppte sich als die Wirtin. Sie hatte lange Jahre in Garmisch gearbeitet und sprach entsprechend gut deutsch. Wir konnten sie deshalb auch nach unserem Anliegen fragen.

Wir wollten doch stilvoll nach Venedig kommen. Das Thema ›zu Fuß‹, das vorher schon fragwürdig war, hatte sich nach dem heutigen Straßenmarsch total erledigt. Also wurde die Variante, ein billiges Fahrrad zu kaufen und die letzten 70 Kilometer nach Venedig zu radeln, mit der Wirtin diskutiert. Nach einiger Überlegung sagte sie uns, dass sie hier in der Stadt keine Möglichkeit sieht, so etwas zu organisieren. Wir wollten auch nicht noch einen Tag länger in diesem nicht sehr attraktiven Ort bleiben, um über die Touristeninformation doch noch die Radvariante zu bekommen. Das Ziel war nah und Vittorio Veneto hatte eine direkte Zugverbindung nach Venedig. Damit war die Entscheidung gefallen, auf die ganz einfache Weise nach Venedig zu kommen. Wir hätten es gerne anders gehabt.

Kurz vor sieben sagte die Wirtin, wir könnten jetzt etwas essen, aber nicht hier an der Straße vor dem Haus. Sie schickte uns hinter das Haus in einen wunderschönen Garten. Die Tische standen direkt in der Wiese unter großen Sonnenschirmen. Alles war typisch italienisch eingedeckt. Weingläser, Besteck und Stoffservietten. Dafür bezahle ich dann gerne Coperto. Ein Aha-Erlebnis, nachdem wir vorher auf roten Plastikstühlen an der Straße gesessen hatten.

Pizza für uns beide, für Jürgen mit viel Knoblauch, für mich mit weniger. Es wurde Holz geschleppt und der Pizzaofen damit geheizt. Der Duft von Salami, Knofel und verbranntem Holz zog durch den Garten und machte uns so richtig Appetit. Pizza im ›Kingsize‹-Format, dünner Teig, schön knusprig, gut belegt und schmackhaft. Die Seele meldete sich wieder einmal mit Glücksgefühlen.

Die Berge hinter uns, die Tour eigentlich geschafft, der Körper und die Beine angenehm müde.

»Morgen sind wir in Venedig.«

Wir haben diesen Satz an diesem Abend ganz oft gesagt und mit immer größerer Befriedigung. Es war ein sehr genüssliches Wohlgefühl beim Aussprechen dieses Satzes: »Morgen sind wir in Venedig.«

Das Treffen von Deutschsprachigen an diesem Tag war noch nicht zu Ende. Vom Nebentisch kam ein älterer Mann zu uns, sicher fünf Jahre älter als wir, und fragte, woher wir aus Deutschland kämen. Ich aus Bayern und Jürgen vom Möhnesee. Seine Frau kommt aus dem Sauerland. Der Möhnesee ist im Sauerland. Sie kam zu uns an den Tisch und freute sich, wieder einmal jemanden aus der näheren Heimat kennen zu lernen. Sie war so begeistert, dass sie gar nicht aufhören wollte zu erzählen. Ihre Gesellschaft musste warten. Seit 25 Jahren wohnt sie mit ihrem Mann, einem Italiener, in der Nähe von Vittorio Veneto und ist seit zwanzig Jahren nicht mehr in der Heimat gewesen. Jürgen hat ihr das Sauerland wieder richtig schmackhaft gemacht.

Dienstag, 12. August 2008

DAS ZIEL ERREICHT

Viertel nach acht Uhr fuhr der Zug nach Venedig. Also war es doch nichts geworden mit dem ganz großen Einmarsch in Venedig. Der Zug füllte sich von Station zu Station immer mehr. Vielleicht nur zehn Prozent der Menschen fuhren zu einer beruflichen Tätigkeit, alle anderen waren Touristen zur Stadtbesichtigung. Dies war unschwer an Bekleidung und Utensilien zu erkennen. Jürgen hatte sich einen Sitzplatz geschnappt und ich durfte die 70 Minuten stehen und die Rucksäcke bewachen.

Während der Dauer der Fahrt bekam ich noch eine zusätzliche Erschwernis. Neben mir stand eine Italienerin mit zwei ostasiatischen Touristen. Als der Zug losfuhr, begann sie zu reden, Englisch perfekt, aber auch permanent während der ganzen Zugfahrt. Ihre Begleiter durften zwei- bis dreimal kurze Bemerkungen machen, das war alles. Sie sprach über alles und wusste über alles Bescheid. Der Bogen spannte sich von Italiens Geschichte bis zu Reisen nach Australien und den USA, alles gleich monoton und belehrend. Über eine Stunde lang. Sie war keine südländische Schönheit und hatte nicht die übliche Gestik. Es lag nicht daran, dass sie sich mit einer Hand festhalten musste. Italiener finden immer eine Möglichkeit, den Körper und die Hände ins Spiel zu bringen.

In Mestre, der letzten Station vor Santa Lucia, so heißt der Bahnhof von Venedig, war der Zug dann brechend voll. Umfallen nicht möglich.

Unsere Ankunft in Venedig war nicht spektakulär. Nicht zu Fuß, nicht mit dem Fahrrad. Wir haben uns für 4,60 Euro im ›treno‹ bequem transportieren lassen. Diese Entscheidung ist uns nicht schwer gefallen. Nach dem Hitzemarsch am Vortag konnten wir uns nicht vorstellen, drei Tage auf Asphaltstraßen nach Venedig zu marschieren. Wir hätten uns all die schönen vorherigen Wanderungen kaputt gemacht. Das Wetter in der Poebene war warm und die Luft von hoher Feuchtigkeit. Dies trieb uns schon den Schweiß aus dem Körper, als wir vom Bahnhof zum Markusplatz gingen.

Der Markusplatz, das Ziel, das wir uns immer wieder vorgestellt hatten. Die ganzen Zweifel vom Beginn unserer Wanderung kamen in mir wieder hoch. Würden wir es schaffen, müssen wir die Tour unterbrechen und im nächsten Jahr wieder neu ansetzen? Insgeheim habe ich immer daran gedacht, in einem Zug durchzugehen. Geglaubt habe ich es nicht. Innerlich hatte ich meine Zielmarken, bis wie weit ich es auf alle Fälle gehen wollte. Venedig war da noch ganz weit.

Jetzt waren wir hier und Tausende von anderen Menschen auch. Ich musste erst die Menschenmassen verdauen, bevor mein Hochgefühl Platz hatte. Waren die Gässchen auf dem Weg noch wenig belebt, der Platz war voll. Für die Fotos mussten wir immer geschickte Gelegenheiten erhaschen, damit nicht wieder irgendein Tourist vor die Kamera lief. Auch waren die Stellen mit schönem Hintergrund total belagert. Vor der Kirche stand eine vielfach gewundene Schlange. Eine Stunde Wartezeit war das Minimum.

»Jürgen, ich habe mir geschworen, bei der Ankunft in Venedig ein Glas Prosecco auf dem Markusplatz zu trinken!«

Also haben wir die nächste Bar angesteuert. Weißgekleidetes Bedienungspersonal, sah aus wie in Admiralsuniform.

»Due bicchiere di prosecco!«

Dann legten wir die Rucksäcke ab und lümmelten uns in die plüschigen Garnituren im Inneren. Draußen stand die Sonne direkt über der Bestuhlung. Viel zu heiß.

Der ›cameriere‹ schwebte mit südländischer Haltung und großer Grandezza auf uns zu, zwei Gläser Prosecco auf dem Tablett und ein Schüsselchen Chips, wie das in Italien üblich ist. Für ein Foto warf er sich zusätzlich noch einmal in Pose.

Den Sekt und das Gefühl des Erreichten genoss ich sehr. Die SMS, um von unserer Ankunft zu berichten, wurden verschickt. Die Sitzhaltung war sehr leger, die Beine weit nach vorn gestreckt, obwohl wir heute noch nichts getan hatten.

Das große Aha-Erlebnis kam beim Bezahlen. Zwei Gläser Prosecco 18 Euro! Die Restaurants und Bars am Markusplatz sind schließlich keine Discounter. Unverschämt wurde der Ober noch, als er mir auf den Fünfziger, dem ich ihm gab, 30 Euro zurückgab und freundlich lächelnd verduften wollte. Mit einer solchen Dreistigkeit hat sich bei mir noch keiner ein Trinkgeld abgeholt. Gleich habe ich ihn zurückzitiert und mir die zwei Euro geben lassen. Auf Deutsch habe ich ihm gesagt: »Bürscherl, noch bestimme ich, wer Trinkgeld bekommt und wie viel.«

Er hat mich sicher verstanden, was ihn aber nicht hindern wird, mit anderen Gästen genauso zu verfahren. Das war Gangster Nummer eins. Bei der Abfahrt begegneten wir noch einem zweiten.

Der Trubel war inzwischen abermals größer geworden, die Schlange vor der Kirche auch. Nichts wie weg. Jürgen war schon einmal in Venedig gewesen und wollte wieder in das gleiche Hotel. Mit dem Schiff sind wir auf die Insel Lido gefahren. Das Hotel wurde gleich gefunden, ›Hotel Boulevard‹. Vier Sterne-Komfort, aber nicht bei der Zimmergröße. Das hat uns nicht gestört, wir waren an Hüttenmaße gewöhnt. Duschen, umziehen und ab an den Strand. Venedigs schönster Strand war voll und der Sand so heiß, dass die Füße es kaum ausgehalten haben. Adriawasser hat meine Beine umspült. Laut und deutlich habe ich gesagt: »Das habt ihr euch verdient, ich bin stolz auf euch!«

Als Jürgen sich mit Magenproblemen eine Auszeit nehmen musste, habe ich mir auf der Promenadenstraße ein Bild von dem gigantischen Wucher machen können.

Fünf Euro für 0,4 Liter eines gelben, dem Bier ähnlichen Getränk. Der Negroni, nicht mit Sekt, sondern nur mit Wasser aufgeschüttet, kostet 4,50 Euro statt überall drei Euro. Das Touristenmenue, Pasta, dünnes Schnitzel, Tiefkühlgemüse und Nachtisch, gab es für 21 Euro. Eine schwach belegte Pizza und ein großes Mineralwasser für zusammen elf Euro waren mein Abendessen.

Danach folgte der schönste Teil des Tages. Die Touristen verschwanden so nach und nach. Die Sonne war weg, die Dämmerung kam und ich saß auf einer Steinbank, vor mir das Meer und dahinter Venedigs Altstadt. Es fuhren noch einige Schiffe, sonst friedliche Stille. Ich habe viele Fotos gemacht, aber sie geben nicht die Stimmung wieder, die die Seele erfasste. Es war eine schöne Stunde, eine Stunde des Glücks und der inneren Zufriedenheit.

Drei Wochen wandern, nur zwei Ruhetage dazwischen. Eine starke körperliche Leistung unter Berücksichtigung des Rucksackes und der Höhenmeter. Auch eine Leistung des Willens, nicht aufzugeben, mit der Ergebenheit, das Leben aus dem Rucksack zu ertragen. Die zwischenzeitlichen Hotelübernachtungen haben das Ertragen leichter gemacht.

In dieser Stunde der Besinnung kam große Vorfreude auf, auf zu Hause, auf die heimatliche Ordnung und ganz besonders auf Inge.

Mittwoch, 13. August 2008

EMPFANG IN AICHACH

Abschied von Venedig mit einer Schifffahrt von der Insel Lido zum Bahnhof. Wir sind gleich nach dem Frühstück gefahren, um genügend Zeit zu haben. Das war gut. Die Bummelbahn bzw. das Bummelschiff hat an jeder Station gehalten. Die Fahrt dauerte über eine Stunde. Wir konnten so mit aller Ruhe Venedig von der Wasserseite aus betrachten. Die Gondoliere, das Gedränge auf der Rialtobrücke, der Touristenschwarm auf dem Markusplatz, der Canale grande als Hauptverkehrsstraße. Am Bahnhof Santa Lucia war eine Ewigkeitsschlange vor dem Fahrkartenschalter.

»Jürgen, stell du dich mal an, ich schaue, ob es eine andere Möglichkeit gibt!«

Es gab noch drei Fahrkartenautomaten, an denen weniger Leute standen. Ich habe den vor mir Stehenden ein wenig über die Schulter geschaut und gesehen, dass mit der Mastercard bezahlt wurde. Ich habe dies noch nie am Automaten gemacht. Meine PIN-Nummer für diese Karte kenne ich bis heute nicht. Es war einfacher, als ich dachte. Sprache Deutsch aufgerufen und Augsburg als Ziel eingegeben, hat der Automat nicht akzeptiert, dafür München. Da müssen wir dort nachlösen. Also München, zwei Personen, 2. Klasse. 160 Euro an der Anzeige. Frage nach Platzreservierung auch getätigt.

Ich habe die Mastercard in den Schlitz geschoben, so, wie ich es bei den anderen gesehen habe, einen Moment gestutzt ob der Anzeige, zog schnell die Karte wieder heraus, damit nichts Schlimmes passiert und wollte gerade auf Abbruch drücken, da erschien »Aktion beendet«. Der Automat gab die typischen Druckgeräusche von sich und das Ticket lag im Ausgabefach. Es war alles richtig, 2 Personen, 2. Klasse von Santa Lucia nach München, Wagen 258, Plätze 45 und 46, 160 Euro. Ich konnte Jürgen aus der Schlange winken.

Wir hatten noch zwei Stunden Zeit. Viel herumlaufen wollten wir wegen der Leute und der Temperatur nicht mehr. Wir wollten uns irgendwo hinsetzen, aber die öffentlichen Sitzgelegenheiten waren belegt. So beschlossen wir: Dann gehen wir eben in irgendeine Bar.

Schön vor der Tür saßen wir im Schatten. Ich bestellte mir, weil ich Hunger hatte, eine Schinkensemmel und ein Bier. Jürgen trinkt um diese Uhrzeit noch kein Bier. Belegtes Brötchen und Mineralwasser. Das ist der Unterschied zwischen westfälischer und bayerischer Lebensart.

Bedient wurden wir von einem Ober, der sich dann, wie selbiger am Tag vorher, auch als Gangster entpuppte. Nummer zwei. Für die zwei schwachbelegten Semmeln, das Bier und das Mineralwasser wollte er zuerst zwanzig Euro haben. Zwei Euro fünfzig haben wir von ihm zurückverlangt, weil er das Mineralwasser mit fünf Euro statt zwei fünfzig eingegeben hatte. Theatralische Entschuldigungsverbeugungen äußerlich. In Gedanken wohl eher: ›Mist, die haben mich erwischt!‹

Sieben Euro hat das 0,4 Glas Bier gekostet. Ich habe ihn gefragt, ob er denn spinnt. Der Kellner zeigte mir dann mit Siegerlächeln eine kleine Tafel am Fenster mit den Preisen. Bier an der Theke vier Euro fünfzig, Bier am Tisch, sieben Euro. Für vier Meter laufen zwei Euro fünfzig verdienen. Das sind circa sieben Euro für zehn Meter, für den Kilometer 700 Euro. Wenn wir auf unserer Wanderung eine solche Entlohnung gehabt hätten, würde jeder von uns 280 000 Euro mehr im Beutel haben. Mit dieser Entlohnung wäre ich noch einmal zurückgelaufen.

Venedig, eine schöne Stadt voller Touristen und an jeder Ecke Nepper, Schlepper, Bauernfänger. Zweimal waren wir Opfer.

Die Zugfahrt von sieben Stunden war langweilig bis auf die Tatsache, dass wir nicht auf unseren reservierten Plätzen saßen. Der Zug kam bereits eine halbe Stunde vor Abfahrt, wir waren auch schon da. Den Wagen 258 haben wir beim Einsteigen vergeblich gesucht. Nach dem Wagen 257 kam der Wagen 259. Ein Schaffner war nicht zu sehen. Im 259 gab es die Plätze 45 und 46. Wir erklärten sie zu unseren. Als dann in Verona Leute zustiegen und unsere Plätze haben wollten, gab es ›grande Palaver‹. Doppelbuchung, der Schaffner musste her. Die Leute hatten tatsächlich Wagen 259 und Plätze 45 und 46. Wir sagten dem Schaffner, Wagen 258 gebe es nicht. Er sagte: »Doch!«, und verwies uns einen

Wagen zurück. Wir zogen mit unserem Gepäck los. Tatsächlich war die Bezeichnung Wagen 258 vorhanden. Der Zettel steckte über der Bezeichnung Wagen 257. Vermutlich war die Bezeichnung zwischenzeitlich angebracht worden.

Vorteil für uns: wir waren von Verona bis München allein, konnten uns langlegen und etwas dösen. Im Wagen 259 war das Abteil mit sechs Leuten vollbesetzt.

Unterwegs habe ich wegen des Anschlusses nach Augsburg und Aichach mit Inge telefoniert.

Eine halbe Stunde Aufenthalt in München. Ich konnte noch einmal meine frisch erworbenen Fertigkeiten am Automatenschalter unter Beweis stellen, diesmal mit Bargeld. Auch mit diesem Fahrausweis kamen wir unbeanstandet nach Aichach.

22.15 Uhr Bahnhof Aichach. Inge reckte ein Transparent in den Nachthimmel mit ›München – Venedig‹ in Großbuchstaben. Ihre Fußabdrücke waren abgebildet und alle unsere Stationen aufgeschrieben. Die Nacht war lau und das Gefühl, Zuhause zu sein, ein grandioses.

Über der Haustür stand ›Willkommen‹, an der Seite hing mein alter Rucksack (Boé-Aufstieg vor 47 Jahren) und meine alten Wanderschuhe. Neben der Haustür standen auf einem kleinen Tischchen zwei Flaschen Weizenbier und zwei Gläser. Ein wundervoller Empfang. Erst Weißbier, dann Leberknödelsuppe und noch einmal, vielleicht auch zweimal Weißbier. Wir waren in Bayern angekommen.

Am nächsten Tag kam Jürgens Partnerin Geli, eine blonde Frau im knallroten Mini Cooper, chic. Wir machten uns noch einen schönen Tag. Es gab viel zu erzählen und wir hatten viel zu berichten. Gesprächsstoff und Erlebnisse en masse.

NACHGEDANKEN

Soll so ein Erlebnis bilanziert werden oder nicht?

Ja natürlich, aber nicht nur in Zahlen und Fakten. Erkenntnisse bekommen, Empfindungen erleben und Erfahrungen machen sind nicht in einer nüchternen Statistik zu erfassen.

Buchstaben und Zahlen
sind die Fakten des Lebens
die Empfindungen sind seine Illustration

Wir haben diese Wanderung gemacht, um uns selbst eine Freude zu bereiten und um uns selbst etwas zu beweisen. Wir dürfen stolz darauf sein, die Strecke München – Venedig ohne Unterbrechung geschafft zu haben. Ich habe mir nicht die Mühe gemacht, Kilometer zu zählen, ich habe keinen Schrittzähler dabei gehabt. Das besondere Erleben sollte es sein und ich habe es gespürt. Auf die Frage: »Wie viele Kilometer seid ihr gelaufen?«, kann ich nur eine Schätzgröße abgeben, etwa 400 Kilometer. Es sind bei dieser Wanderung nicht nur die Längenkilometer, es sind zusätzlich die über 11 000 Meter rauf und wieder runter, die den Anspruch ausmachen. Auch oder gerade die Abstiege erforderten Kondition und belasteten die Knie enorm. Hier haben sich die Wanderstöcke optimal bewährt und mich als sonst überzeugten ›Ohne Stöcke Geher‹ eines Besseren belehrt.

Wir haben uns nicht stur an die Graßler-Route gehalten. Langweilige Strecken haben wir motorisiert überwunden. Dort, wo uns Steighilfen zur Verfügung gestanden haben, haben wir sie auch benutzt. Unser Ziel war es nicht, alles genau so zu machen wie ein anderer. Wir wollten für uns ein einmaliges und herausragendes Erlebnis haben. Dafür haben wir geackert, gekämpft und uns geplagt und auch des öfteren richtig geschunden. Belohnt wurden wir durch wundervolle Aussichten und durch Blicke auf die Bergwelt. Wir hatten nette und interessante Begegnungen mit Menschen, die das gleiche Interesse an den Bergen und an körperlicher Leistung hatten.

Beim Altersvergleich waren wir die Oberen in der Alterszahl, nur noch zwei, die etwa in unserem Alter waren. Für uns über Sechzigjährige war es eine außerordentliche Befriedigung des körperlichen Bestehens. Die Selbstüberwindung war oft gefragt, wenn es galt, den nicht leichten Rucksack die Berge hinaufzubringen und ihn anschließend hinunter wieder abzubremsen. Von einer Genusswanderung kann nur in bezug auf die Aussichten gesprochen werden.

Wichtig war, ohne körperliche Schäden durchzukommen. Keiner von uns hatte irgendwelche Erschöpfungszustände oder Verletzungen. Nach dem Tagwerk waren wir müde, hatten aber immer genügend Zeit, uns zu regenerieren.

Ich habe mir oft gedacht, dass uns die lange und gute Vorbereitung zugute gekommen ist. Wir konnten andauernd und ausdauernd gehen. Wir waren nicht schnell, das haben wir oft genug gesehen, wenn uns Gruppen überholt haben. Wir sind stetig gegangen, haben keine langen Pausen gemacht und waren dann immer mit den anderen am Tagesziel.

Es war eine dreiwöchige Bergtour ohne Gipfelbesteigung. Wir sind über Sättel, Jochs und Scharten von Tal zu Tal gewandert. Die Möglichkeit zu Gipfeln war immer gegeben. Ich kann jetzt nur für mich selbst sprechen, sie haben mich nicht gereizt. Das richtige Einsetzen der körperlichen Möglichkeiten für das große Ziel stand im Vordergrund. Wir haben von diesen Übergängen hervorragende Aussichten genießen können. Der Wunsch des Bergwanderers, der Ausblick, wurde befriedigt. Jedes Bergmassiv, jede Spitze sieht anders aus. Die Tiefen, die Täler, in die wir geschaut haben, gaben Befriedigung.

Zum Thema Geld ist zu sagen, dass die Reisekosten dem eines luxuriösen Urlaubs irgendwo in südlicher Sonne entsprechen. Das Preisniveau auf den Hütten ist sehr hoch. Oft habe ich mich darüber geärgert, es aber auch wieder eingesehen, wenn die Versorgung nur per Helikopter möglich war oder über eine Materialseilbahn, die auch nicht billig zu bauen war. Sauer war ich nur dann, wenn die Wirte sich mit den eigenen Autos verpflegen konnten und trotzdem saftige Preise verlangt haben.

Eine Frage von vielen Leuten nach der Wanderung war auch immer, wie wir es mit dem Bezahlen gemacht haben. Wir hatten immer viel Bargeld dabei. Auf den Hütten zählen die Kreditkarten nicht. In Hotels haben wir unbar bezahlt, damit wir in den Bergen flüssig waren. Der gute alte Brustbeutel ist nach wie vor ein unentbehrlicher Begleiter.

Die Frage nach meinem körperlichen Befinden war steter Begleiter. Noch vier Wochen danach habe ich die durchgemachte Belastung in den Knien gespürt, morgens nach dem Aufstehen und beim Treppensteigen ganz besonders. Die Regeneration verläuft nicht mehr so schnell und die altersabhängige Abnutzung der Knorpelschicht lässt sich nicht verleugnen.

Zu unser beider Menisken ist zu sagen, sie waren keine Behinderung. Jürgen hat ab und zu Schmerzen in seinem operierten Knie gespürt. Sein Kommentar bezog sich in diesen Fällen immer auf die Aussage seines Arztes: »Auch wenn es mal weh tut, passieren kann nichts!« Das ist doch beruhigend.

Was meinen Meniskus angeht: ich habe keine Probleme gehabt. Die Spritze und die klare Diagnose haben geholfen. Grundsätzlich habe ich die kleinen Wehwehchen, die immer mal auftauchen, einfach ignoriert. In einem lebendigen Körper zwickt, juckt oder schmerzt immer einmal etwas.

Viel schöner ist es, im Nachgang über die Psyche zu schreiben. Das erhebende Gefühl kam erst nach der Reise so richtig auf. Das erste Mal hatte ich dieses Gefühl in Venedig beim Sonnenuntergang. Es ist für mich absolut nicht erstaunlich, dass Monate danach in mir alles sehr lebendig und auch in Details noch vorhanden ist. Die Erfüllung des Traumes hat sich eingegraben. Es überflutet mich immer noch mit Glücksgefühlen.

Es war für mich nicht der Weg der Einkehr, nicht der Weg der Gedanken. Dafür habe ich mich körperlich zu sehr anstrengen müssen. Die meisten Strecken waren von der Beschaffenheit so, dass die ganze Konzentration dem Weg galt. Es war kein Schlendern, sondern harte Arbeit. Die Gedanken konnten nicht so fliegen, wie ich mir es gedacht hatte. Der Krafteinsatz war oft so hoch, dass der Kopf nicht in der Lage war, vernünftige Gedanken zu setzen.

Wenn der Weg Buße gewesen wäre, dann hätte ich vorher viel sündigen müssen. Ich bin auch nicht gegangen, um Buße zu tun. Ich habe dies getan, weil ich es als Herausforderung betrachtet habe. Es war eine Prüfung, ob ich in der Lage bin, diesen Weg zu gehen und die Anstrengung physisch und mental durchzustehen.

Die Triebfeder ist die Freude an den Bergen. Es ist nicht nur das Gefühl der Genugtuung, wenn ich oben bin. Ich spüre eine besondere Freude, wenn ich in die Landschaft blicken kann. Für mich müssen es immer neue Aussichten sein. Ich kann nicht ständig den gleichen Weg gehen, ich kann auch nicht dauernd am gleichen Ort Urlaub machen. Es muss immer etwas Neues sein.

Eine Vorstellung hat sich nicht so erfüllt, wie ich mir vorher ausgemalt hatte. Ich bin davon ausgegangen, dass mir viele gute Gedanken in den Sinn kommen würden, dass ich bei den Wanderungen Ideen für Gedichte bekommen würde. Die geschriebenen Ansätze am Abend oder an den Ruhetagen waren mager und flach. Das Nachdenken auf den Wanderungen war nicht möglich, weil die Wege oft schwierig waren.

Kondition und Konzentration sind in einem Zusammenhang zu sehen. Lässt die Kondition nach, ist auch mit dem Nachlassen der Konzentration zu rechnen. Die Tatsache, dass keiner gestürzt ist, dass sich keiner eine Fußverletzung zugezogen hat, ist ebenso als ein Erfolg der Wanderung zu werten.

Über wie viele Felssteine sind wir aufgestiegen, wo jeder Schritt ganz gezielt gesetzt und ausbalanciert werden musste?

Wie viele holprige Steige sind wir abgestiegen, wo jedes Mal das Körpergewicht plus Rucksack abgefedert werden musste?

Die sehr gute körperliche Vorbereitung ließ uns auf der gesamten Wanderung gut aussehen. Für mich war es ein gutes Gefühl, oben schnaufend angekommen zu sein und nach fünf Minuten ruhig und relaxed in die Runde schauen zu können. Der Genuss ist intensiver, wenn das Schöne und das Erarbeitete entspannt aufgenommen werden kann.

Einer Person, wenn auch einer imaginären, dem Wettergott, muss ich ein großes Lob aussprechen und Dank zollen. Bis auf die ersten zwei Tage hatte er uns ein Wanderwetter vom Feinsten serviert. Nicht zu heiß, wenig Nass. Die Wolken am Himmel haben die Aussichten nicht verhindert, sondern sie plastischer werden lassen. Im Nachgang kann ich mir gar nicht vorstellen, wie es gewesen wäre, hätte er uns dauerhaft mit Regen bedient. Wir wären nicht in Venedig angekommen.

Was werde ich von dieser Reise, von diesen drei Wochen behalten?

Bleibende Eindrücke von der Bergwelt, ja, aber die habe ich in den vielen Bergurlauben auch gehabt. Erinnerung an Plackerei bei den Aufstiegen? Die werden sich mehr und mehr entdramatisieren.

Was bleiben wird, ist die Traumerfüllung, ja, ich bin die Strecke von München nach Venedig gegangen. Ich bin sie auf der geradlinigsten Verbindung gegangen.

Es wird auch die Bestätigung bleiben, als über Sechzigjähriger bei entsprechender Vorbereitung in der Lage zu sein, eine solche Ausdauerleistung zu erbringen.

Epilog 1

AN MEINEN BERGKAMERADEN JÜRGEN

Auf unserem gemeinsamen Traumpfad ist alles traumhaft positiv verlaufen. Ich meine nicht die äußeren Umstände, ich meine die ganz persönliche Gemeinschaft.

Sich drei Wochen lang jeden Tag so eng auf der Pelle zu sein, ist eine Herausforderung.

Drei Wochen lang Tag für Tag einen körperlichen Kraftakt zu bewältigen, ohne den anderen zu belasten.

Drei Wochen des anderen nicht überdrüssig und ihm nicht lästig zu werden, ist eine sehr positive charakterliche Auszeichnung.

Die Gründe für das Gelingen sind zahlreich. Das körperliche Leistungsvermögen war ausgeglichen. Dies hat viel zur Zufriedenheit beigetragen. Wir sind meist gemeinsam an den Zwischenzielen angekommen. Bergauf hast du Vorteile gehabt. Ganz deutlich warst du mir überlegen im Organisieren von Mitfahrgelegenheiten.

Die wortarmen Stunden, die wir neben- oder hintereinander gegangen sind, waren auch ein Erfolgsgarant. Jeder hat das gesehen, was er sehen wollte, und jeder hat gedacht, was er denken wollte. In irgendeiner Form war man allein, und doch nicht allein. Das hat mir gefallen, denn für mich sind die Berge etwas Stilles, und ich brauche dort auf keinen Fall ein Plaudertäschchen neben mir.

Ich habe gespürt, wie du auf mich eingegangen bist, und ich habe mich ebenfalls bemüht, dieser Art von Zweisamkeit zum Erfolg zu verhelfen. Ganz am Anfang meiner Planungen wollte ich die Alpenüberquerung allein machen. Jetzt, nach vollbrachter Tat, stelle ich fest, dass die Wanderung für mich durch die ›Dualität‹ einen höheren Stellenwert bekommen hat. Es gab viele Gelegenheiten, sich über die freudigen Momente, die tollen Aussichten auszutauschen, sich ebenso bei den Tiefpunkten gegenseitig zu ›beweinen‹ und wieder aufzubauen.

Allein hätte ich es bestimmt nicht geschafft, in einem Zug München – Venedig durchzugehen. Auch wenn du oft gesagt hast, dass ich treibe oder die Ruhetage immer wieder hinausgeschoben habe, warst du dennoch bereit, alles mitzumachen. Dann hast du mich oft an meinen Ausspruch erinnert: »Wir wollen eine Genusswanderung machen!«

Es war trotz aller Anstrengungen, trotz aller Unbequemlichkeiten ein Genuss, den Traum zu verwirklichen und das Ziel ohne Unterbrechung zu erreichen.

Dazu hast du viel, sehr viel beigetragen.

Jürgen, danke für diese tolle Bergkameradschaft.

Epilog 2

AN DIE BEIDEN FRAUEN INGE UND ANGELIKA

Zurückgeblieben, für drei Wochen verlassen und dennoch voll dabei. Ihr wart unsere Fans. Die täglichen Telefonate mit Euch waren immer ermunternd und aufbauend. Der Männer-WG (nicht Wohn-, sondern Wandergemeinschaft) hat es sehr gut getan. Wir haben, je weiter wir gekommen sind, Euer Mitfiebern gespürt, und es hat uns immer wieder ein gutes Gefühl gegeben. Gerade bei den ganz ›tollen Hüttenübernachtungen‹ hat es geholfen, besonders dann, wenn wieder ein Mehrbettzimmer auf uns wartete. An solchen Abenden wussten wir unser Zuhause bei Euch ganz besonders zu schätzen.

Eure Worte haben uns immer Motivation gegeben. Ihr wart für den seelischen Aufbau zuständig, das fast tägliche Weizenbier als isotonisches Getränk dann für den Körper.

Nicht Venedig, sondern die wohl behaltene Ankunft bei Euch war das eigentliche Ziel. Nach drei Wochen haben wir uns sehr auf Euch gefreut.

Danke für Eure prima Fernunterstützung.